Christian Job

Ohne Dresscode

Große Stars beim kleinen Sender

Mit einem Vorwort von Wolfgang Niedecken

Geistkirch

ISBN 978-3-938889-25-1

www.geistkirch.de

1. Auflage 2012
© 2012 Autor und Verlag
Verlag: Geistkirch-Verlag, Saarbrücken
Titelillutration: Bernd Kissel, Berus
Satz und Layout: Harald Hoos, Landau
Druck: Systemedia GmbH, Wurmberg

Christian Job

Ohne Dresscode

Für Pia und Luca.

Für Papa und Mama.

Inhalt

Das erste Wort hat ...
Wolfgang Niedecken

Natürlich habe ich zunächst mal gelesen, was der „Micky-Maus-Mann" denn wohl über mich geschrieben hat. Kann mich noch sehr gut an die „Ahl Männer, aalglatt-Tour" erinnern, sogar noch an die Barbarossa-Halle in K-Town, eine praktisch, quadratisch, schlecht klingende Halle. Aber die Fruchthalle, die einzige Alternative dieser Stadt, klang noch mieser. Jedenfalls stimmt alles, was der Christian da schreibt, sogar der großartigste Rock'n'Roll-Hund aller Zeiten wird nochmal ausführlich gewürdigt. Vor allem aber die Zeitumstände und dass wir bei den Kids, seit unserem überregionalen Durchbruch 1982, dermaßen beliebt waren, dass sie Kölsch wie eine Fremdsprache lernten.

Christian Job ist absolut „old school". Unser erstes Zusammentreffen liegt knapp dreißig Jahre zurück und er ist längst zu dem herangereift, was wir intern auch gerne einen „Radio-Überzeugungs-Täter" nennen. Jemand, der sich ordentlich auf seine Interviews vorbereitet, bei dem man sich wohlfühlt, weil er ein tatsächlich interessierter Gastgeber ist. Ihm geht es neben dem Künstler und seiner Musik auch immer um den Menschen, mit dem er es zu tun hat. Nur deshalb nimmt man ihm die Spannweite zwischen Wencke Myhre und Jeff Porcaro überhaupt ab.

11

Die Radiolandschaft hat sich in diesen dreißig Jahren radikal verändert und so manchem trauern wir nach. Deshalb sollten wir uns glücklich schätzen, solange wir noch Mohikanern wie ihm begegnen. Manchmal denke ich an den von Tom Petty so großartig besungenen „Last DJ" oder den, auf meinem Mist gewachsenen Typ aus „Eddies Radio Show" und dann holt mich mal wieder der Blues ein. Aber lassen wir das …

Ich freue mich jedenfalls schon auf Christians Buch, weil auch ich dann endlich mal sämtliche Storys lesen kann und hoffe, dass man ihn bis in alle Ewigkeit seinen Job machen lässt.

Köln im Juni 2012
Wolfgang Niedecken

Geständnis

Die größte Pleite in Sachen Interview muss ich gleich vorab zugeben. Sie wird mir seit Jahren mehrmals die Woche von meiner Frau aufs Frühstücksbrot geschmiert. Ich hatte den Auftritt eines der größten Künstler aller Zeiten ganz in der Nähe übersehen und verpennt, und somit die Chance auf eine unvergessliche Begegnung auf ewig vertan. Als Michael Jackson im März 1999 auf Gottschalks Couch bei ‚Wetten, dass..?' in der Saarbrücker Saarlandhalle saß, lümmelte ich auf meiner daheim.

Jetzt wo der King of Pop nicht mehr lebt ist es müßig zu spekulieren, dass man am Ludwigspark sicher jemanden gekannt hätte, der im entscheidenden Moment die Tür hätte offen stehen lassen. Oder, dass bei der Plattenfirma ein netter Mensch den entscheidenden Hinweis auf Hotel oder Flugzeit gegeben hätte, und dass mit einem offenen Lächeln der scheue Michael mich (und meine bessere Hälfte) wenigstens zu einem kurzen Gespräch heran gewunken hätte.

Andere Kontakte haben funktioniert, manche mehrfach. Ich durfte fragen und die Künstler haben geantwortet. Es ist seit über 25 Jahren ein Traumjob, mit Musikern, Schauspielern, Komponisten, Köchen und Kollegen fachsimpeln zu dürfen.

Christian Job

Peter Maffay – ein halber Saarländer auf Mallorca

Peter Maffay war ein halber Saarländer. Nicht weil er seit Jahrzehnten Oscar Lafontaine seinen Freund nannte, oder fast rekordverdächtig oft die Goldene Europa überreicht bekam. Auch nicht, weil er als Motorrad-Fan sich gerade hier gerne mal mit einem Biker-Club getroffen hatte. Maffays Stammbaum bohrte seine Wurzeln eindeutig in saarländischen Boden.

Der Rekordhalter in Sachen Rockmusik aus Rumänien erfuhr dies erst spät und unter Mithilfe eines Ahnenforschers. Demnach war ein gewisser Sibelius Kuhn, ein Vorfahre von Peters Mutter im 18. Jahrhundert über Ulm ins Banat und schließlich nach Siebenbürgen ausgewandert. Und der Herr Kuhn stammte aus der Nähe von Saarbrücken, das belegten alte Unterlagen. Peter war also auch regional waschecht und immer gerne im Saarland.

Anfang der 90er Jahre durfte ich Telefonassistent einer Spezialsendung sein. Maffay präsentierte sein neues Album und die Fans durften ihre persönlichen Fragen stellen. Ich notierte Grüße, großes Lob und überbrachte in Stichworten, das was die große saarländische Fan-Basis wissen wollte, direkt ins Studio. Für Saarbrücken nahm Maffay sich immer Zeit, für seine Freunde vom Halberg sowieso.

Er blieb über Nacht in der Stadt und lud alle Beteiligten an der Radio-Sendung danach zum Mexikaner ein. Dort war die Aufregung groß, weil sich der beliebteste Rockmusiker

15

persönlich die Ehre gab, Enchiladas und Spare Rips zu bestellen. Damals, noch bevor er sich in Mallorca seine Basis aufgebaut und stolzer Besitzer von sieben bis acht Hunden war, hatte Peter einen Golden Retriever dabei. Das brave Tier lag unter dem Tisch und döste. Herrchen wollte ihm etwas Gutes tun und fragte höflich, ob er für seinen Vierbeiner ein paar Knochen der abgeknabberten Spar Rips haben könne. Der Wirt überschlug sich förmlich. „Peter isse su sssarfe! Mir mache zuerst sauber, iche mache sofort!!" Maffay konnte seine Bitte, sich keine Umstände zu machen gar nicht formulieren, schon war der Knabberteller mit Resten abgeräumt. Kurz darauf kamen, hübsch in Alufolie verpackt und blitzblank, peperonifrei und salzlos die schweinischen Überreste zurück. Der Hund schnüffelte freudig und legte sich zum Knurbseln gleich wieder zufrieden an seinen Platz. Maffay bedankte sich herzlich. Es schien ein wenig, als sei ihm der Bohei um seine Person unangenehm. Er wollte entspannt das Chili con Carne löffeln und ein normaler Typ sein, nicht Peter Maffay. Diese bodenständige Bescheidenheit imponierte mir. Mochte die Entourage mächtig auf dicke Hose machen, Maffay war absolut geerdet. Er blieb es bei jedem Treffen auch Jahre später.

Rund 15 Jahre nach dem Knochenjob beim Mexikaner war ich nicht mehr der Telefonkollege. Diesmal durfte ich Peter selbst interviewen. Ich hatte seine Musik immer gerne gehört, war aber jetzt kein glühender Fan. Ich bereitete mich vor, informierte mich über die diversen Maffay-Parodien genauso wie über seine Plattenerfolge. Und mit der Recherche fand ich die Maffay-Witze zunehmend blöd und mein Respekt vor einem unglaublichen Lebenswerk wuchs.

Jedes seiner Alben hatte die Nummer eins der Hitparade erreicht. 13, 14, 15 Mal in Folge, es gab keinen Flop, keinen Fehlgriff und in vier Jahrzehnten als deutsprachiger Superstar hatte Maffay über 40 Millionen Tonträger verkauft. Er war ein Steher, hatte seine Musik konsequent umgesetzt und war seinen Weg gegangen. Nach den frühen Schnulzenerfolgen wurden Maffays Gitarren immer verzerrter. Diejenigen, die den Schwenk nicht mitgemacht hatten und ihn immer noch als Schlagersänger abtaten, waren selbst schuld. Selten hatte jemand den Gesetzen des Showgeschäfts auf diese Art getrotzt, sich nicht um Trends und Ratschläge der Experten gekümmert und war doch immer oben geblieben.

Das Geheimnis seines Erfolges war Authentizität. Maffay tat, was er für richtig hielt, ohne sich zu verbiegen. Sollten sich die Spötter über seine Größe und seinen Leberfleck

an der Oberlippe lustig machen, Peter spielte ausverkaufte Tourneen und war als Superstar Rekordgast bei ‚Wetten, dass..?'

Und wieder war es so, dass sein Management auf die Tube zu drücken und die Interviewzeit wegen wichtiger Folgetermine zu kürzen versuchte. Peter selbst war entspannt und ließ sich nicht hetzen. Er ließ den Blick in sein Leben zu, uneitel und offen:
Ja, es habe Zeiten gegeben, da habe er am Tag zwei Flaschen Whisky gesoffen. Daran würde man sich aber gewöhnen. Er sei zwar immer ein bisschen wie im Nebel gewesen, aber das habe man ihm nicht sonderlich angemerkt. Natürlich sei irgendwann die Erkenntnis gereift, dass man so nicht mit seinem Leben umgehen könne, gab er zu. Der Mann war mit über 60 noch drahtig und muskulös wie kein Zweiter. Das Leben auf Mallorca tat ihm gut. An den Olivenbäumen die wilden Triebe abschneiden, sei der beste Workout und ersetze das Fitnessstudio. Zeitig auf den Beinen würde er den ersten Kaffee auf dem Dorfplatz trinken, wenn das Leben am Markt erst langsam erwache. Mit seinen vielen Hunden verbringe er am Morgen Zeit auf ausgedehnten Wegen in der Nähe seiner Finca. Er hätte zwar damals nicht gedacht, dass er einmal Bauer auf einer spanischen Insel sein würde, aber das sei ein prima Leben.

Maffay genoss auch seine späten Vaterfreuden. Sohn Yaris war noch im Grundschulalter, besuchte die Dorfschule und konnte ebenso perfekt Spanisch an wie den Dialekt der Baleareninsel, mit dem er seinen Vater ganz schnell ausbremsen könne, weil der davon nichts verstehe, so schwärmte Papa Peter stolz. Die Gemeinsamkeit, dass wir beide Vater eines kleinen Jungen waren, ließ unser Gespräch auch nach dem offiziellen Interview nicht abreißen. Der gebuchte Mallorcaurlaub mit meiner Familie stand bevor und Maffay war ebenso ortskundig wie informiert über Kinderangebote auf der Urlaubsinsel. Den Zoo in Sa Coma könnte ich mir schenken, denn den Tieren da ginge es nicht so gut, dass der Besuch Spaß machen würde. Schöne Wanderstrecken auch für Kleine gäbe es in der Bucht von Alcudia. Das waren für die Auswärtspremiere mit einem Dreijährigen gute Tipps. Dann gab er mir die Telefonnummer seines Büros in Pollenca: „Wenn du da bist, ruf an, die wissen wo ich bin, dann trinken wir einen Kaffee zusammen!"

Die Termine des Showgeschäfts waren jedoch dicht und in unserem Urlaub Peter nicht auf der Insel. Aber es war der Gedanke, der zählte. Meiner vielleicht etwas bang formulierten Frage, wie man einen Dreijährigen im Urlaub bei Laune halten könnte, entgegnete Peter: „Er hält dich auf Trab, was?" Seinem Blick konnte ich entnehmen, dass er wusste, wovon er sprach und er fuhr fort: „Gib ihm noch zwei Jahrre, dann beginnt eine geile Zeit und die geht schneller zu Ende als du meinst. Jetzt rrede ich schon wie ein alter Sack", er lachte.
Das Gespräch unter Vätern haben wir noch einige Male wiederholt. Zwei Jahre später präsentierte Peter das fünfte und letzte ‚Tabaluga'-Abenteuer. Diesmal ging es für den kleinen grünen Drachen um die Zeit. Maffay wollte wissen, wie es denn bei unserem mittlerweile fast Fünfjährigen um das Zahlen- und Zeitgefühl stünde. Als ich gestand, dass täglich Verhandlungen liefen, erst um ‚tausend Uhr' ins Bett zu müssen, wusste er, dass er mit dem Thema richtig

gelegen hatte. Ich bedankte mich dafür, dass er als erfolg-
reichster Deutschrocker, den Kleinen und mit ihnen den
Eltern einen fetzigen Toto-Groove und dicke Stromgitarren
bieten würde. Die ‚Kindergartentralala' wäre manchmal arg
einfach und es sei nicht schlecht, wenn man schon früh im
Leben anständige Musik hören würde.

Die Tatsache, dass daheim die schnellen Tabaluga-Songs
extrem beliebt und die Balladen als ‚für Mädchen' oft
übersprungen wurden, machte uns beide sicher, dem
Rockernachwuchs das richtige Rüstzeug mit zugeben.

Chris de Burgh –
Konzerterinnerungen

Das waren saftige, romantische, spannende Märchen mit Moral und Haltung, und Kino für den Kopf. Chris de Burgh war für eine Übersetzung mit Englisch-Level der zehnten Klasse machbar, auch ohne viele Vokabeln nachschlagen zu müssen. Ich liebte seine Songgeschichten. Zum ersten Mal interessierte mich, was da jemand sang. Barclay James Harvest, ABBA, Smokie oder wenn es härter sein sollte auch mal Queen oder Rainbow, die hatten ‚Hasentexte'. Chris de Burgh entführte einen zu den Kreuzzügen, ließ Ritter Richard Löwenherz gegen Saladdin kämpfen. Ein andermal pokerten der Teufel und der liebe Gott in einem dahin ratternden Zug um die Seelen der armen Sünder. Einem Agenten im Auslandseinsatz war es einsam zumute im eiskalten Moskau und er sehnte sich nach der Sonne Kaliforniens. Es gab das Märchen von einem armen Bettlermädchen, das den Frühling in den Augen strahlen ließ. Sie kam halb erfroren und hungrig an die Pforte eines Schlosstores. Draußen tobte der Schneesturm, es war tiefster Winter. Der Burgherr ließ sie ein und ans Feuer bringen. Es war zu spät, sie starb und man begrub sie. Aber schon am nächsten Morgen und im dicksten Eis waren auf ihrem Grab herrliche Blumen gewachsen.

Ja, das mag man kitschig nennen, aber es ist schön – Rosamunde Pilcher in Dur und Moll? Meinetwegen, aber ich

mochte diese Lieder. Hohn und Spott aus der Hard Rock-
und Metal-Fraktion beider Geschlechts gab es im Bekann-
tenkreis und der Clique reichlich: ‚Chris de Würg, der
schreiende irische Zwerg' war nur eins der wenig netten
Synonyme für den Mann, der Erfolgsalben wie ‚The Ge-
taway' oder ‚Man on the line' herrausgebracht hatte.

Ganz alleine mit meiner ‚de Burgh-Leidenschaft' war ich
offensichtlich nicht, denn trotz Häme und Ablehnung
rundherum waren seine Konzerte immer ausverkauft. Auch
live war der kleine Mann, der auf einer echten Burg in Irland aufgewachsen war, sehens- und hörenswert. Schon
früh hatte er die Hotelgäste seiner Eltern hinter dicken
Mauern mit der Gitarre unterhalten und hatte mit diesem
Background auch mehrere tausend Fans schnell im Griff.
Drahtig fegte er mit der akustischen ‚Ovation' von links
nach rechts und rockte. Wenn er vom Teufel im Zug sang,
ließ er sich mit einem roten Spot von unten dämonisch il-
luminieren. Feuerzeugstimmung seitens der Fans war damals in den Hallen noch erlaubt und zauberte Gänsehautmomente.
Diese Konzerte sind wunderbare Teenagererinnerung geblieben und den Freunden der strammeren lauteren Musik
ohne weichgespülte Streicher kann ich bis heute entge-
genhalten, dass Chris de Burgh beim ersten großen Rock
am Ring Festival 1985 in der Eifel der Höhepunkt des ersten Abends war und nach(!) U2 spielen durfte.
‚Lady in Red' und das elektronische Schlagzeug waren aber
auch mir etwas zu schmalzig und künstlich. Diesem Nummer-Eins-Hit, dem allgemeinen Musik-Trend der 90er oder
auch dem Kostendruck der Produktionen geschuldet, hat
auch de Burgh in späteren Jahren mehr auf diese Plastik-

Sounds gesetzt. Ich fand schließlich, dass er sich mehr zu Roland Kaiser auf englisch entwickelt hatte und hörte andere Musik.

Wenn bei einem Künstler die Milde mit der reife der Jahre zugenommen hat und er genug Preise gewonnen und Geld verdient hat, dann kehrt er oft zu seinen Wurzeln zurück und spielt in den Jahren wo seine Altersgenossen an Rente denken, das was ihn jung hält. Das Bandgefühl ist wieder wichtig, es muss handgespielt werden und Konzerte machen mehr Spaß als Studiotüfteleien. Vielleicht war dies auch bei meinem Idol aus Irland so. Für die letzten ‚de Burgh-CDs' leistete er sich wieder richtige Geigen, mit den Alben ‚Footsteps 1 + 2' sang er Cover-Versionen großer Pop- und Rock-Klassiker und sein ‚Moonfleet'-Konzept-Werk erzählte nach Jahren wieder eine mitreißend ergreifende Piratengeschichte. Diese Silberscheibe lief wieder öfter im Player meines Autos.

Damit ging Chris de Burgh auf Europatournee und die startete nicht in seiner Heimat Irland, auch nicht in einer europäischen Metropole, sondern im kleinen Saarbrücken. In der Saarlandhalle wurde sogar mehrere Tage geprobt und dann war Premiere.

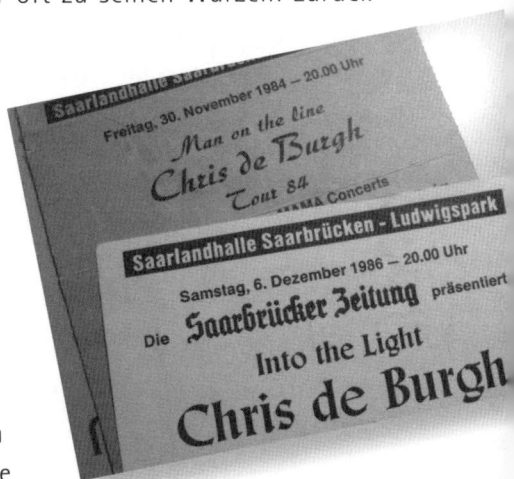

25 Jahre vorher war ich als Konzertbesucher regelmäßig vor Ort und nun in einer Position, in welcher man es schon mal schaffen konnte, backstage zu kommen um ein paar Fragen loszuwerden. Das wollte ich mir nicht nehmen lassen, meinen Star aus Schülerzeiten, wollte ich unbedingt persönlich treffen.

Wie immer mochte das Management, dass der Sänger seine Ruhe und Zeit zum üben hatte. PR-Termine waren also rar. Aber für zehn Minuten am Tag vor dem Tourstart, das sollte gehen. So zog ich los, schon etwas nervöser als sonst, denn irgendwie würde diese Begegnung schon eine kleine Zeitreise sein. Zurück in die Zukunft. Meine beiden Eintrittskarten von damals hatte ich dabei, die wollte ich ihm unbedingt zeigen.

Die Häme der Kollegen war auch wieder da. Man würde lieber de Burghs Tochter treffen als den alten Zausel (Rosanna Davison war Jahre zuvor Miss World geworden), es war also alles fast wie damals.

Viele für einen Menschen erinnerungswürdigen Momente gehen eher unspektakulär über die Bühne bzw. in meinem Fall passieren dahinter. Aber es war ein lange gehegter Wunsch diese Hand zu schütteln. Schütter war sein Haar geworden, er sah ziemlich müde aus. Gerade war ein Showdurchlauf gut zu Ende gegangen. Band und Crew stürzten sich auf das Buffet in den Umkleidekabinen, er hatte noch diesen Interview-Termin mit mir. Freundlich lächelte der kleine Sänger mit der großen Stimme, als er die entwerteten Eintrittskarten aus einem anderen Jahrhundert sah. Und gab dann mit einem freundlichen Blick und einer dezenten Geste seiner großen Augenbrauen zu verstehen, dass ich doch mein Aufnahmegerät starten sollte. Ruhig und leise antwortete er. Deutschland und de Burgh, das sei eine ganz besondere Liebesbeziehung und seine Konzerte hier, auch die in Saarbrücken, seien immer besonders gewesen. Und wohl wissend um die Kritiken der letzten Jahrzehnte (gerade die von den hämischen Kollegen), verwies er auf seine Facebook-Seite. Dort könne jeder schreiben, wie es ihm gefallen habe und die Statements seiner Fans dort zu lesen, sei ihm wichtiger als jede professionelle Rezension. Meinem sehnlichen Wunsch nach einem Erinnerungsfoto entsprach er sofort und ohne jegliches Stargehabe. Und während sich im Hintergrund das Buffet schon leerte, lächelte er im franseligen Probenpulli in die Handylinse. Er bemerkte, wieder dezent lächelnd, dass es kein Iphone war und der Schnappschuss nicht sonderlich scharf werden sollte.

E-Mail an Gottschalk – Tommi hat (noch) nicht geantwortet

Lieber Thomas,

ich hoffe dass diese E-Mail zu dir durchgeklickt wurde, weil die folgende Einladung den Terminkalender des großen deutschen Showmasters eigentlich überfordern muss.

Ich will es dennoch versuchen! Und dazu bitte kurz (!) ausholen ...

Es ist etwa 25 Jahre her, da haben wir mal zusammen telefoniert! Ich habe damals als 15-Jähriger bei einer Leser-Aktion der ‚Bild + Funk', der du nach einer „Na-Sowas"-Sendung zum Call-In zur Verfügung gestanden hast, angerufen und wollte wissen, wie man zum Radio kommt?

Und ich bekam von dir den Rat, mal beim Jugendfunk vorzusprechen, ob die keinen Schüler brauchen? Sie brauchten erstmal keinen, aber man soll nie aufgeben, das war dein zweiter Rat damals.

Schnitt!

Besagte zweieinhalb Jahrzehnte später bin ich tatsächlich beim SR, nicht mehr beim Jugendfunk, dafür bei der Oldie- und Schlagerwelle SR3 Saarlandwelle, und dort neben anderen Sachen Moderator und Fragensteller.

Im Radio mit interessanten Menschen reden zu können ist für mich ein großes Privileg und macht besonders Live einen Riesen-Spaß, ob mit Udo Jürgens, Wolfgang Niedecken, Heinz Hoenig, Uwe Ochsenknecht, Peter Kraus, Peggy March oder Nena.

Ich mach schnell!

Da du nach eigenen Aussagen im Herzen immer ein Radio-Mann geblieben bist und Musik-Fan sowieso, möchte ich dich ins Studio einladen.

Ich dachte mir, vielleicht bist du ab und zu doch in Remagen auf dem Schloss, und wenn du am Samstagabend nicht selbst Fernsehen machst, kommt dort eh nix gescheits ...

In zwei Stunden wärst du entspannt über die Autobahn in Saarbrücken, im Funkhaus auf dem Halberg, das vor wenigen Jahren krachneu renoviert wurde aber immer noch wie zu deiner Zeit als Moderator im Saarland von gutgelaunten Menschen bevölkert ist ...

Wir könnten samstags, wann immer, ab 20 Uhr einen SR3-Oldieabend live senden, in einem sehr offenen Musikrahmen von Valente bis Ventures, Ebstein bis Eagles, und Beatles bis Bata ...

und, und, oder, oder ...

Eine handgeschriebene Interview-Einladung an Peter Alexander hat dieser letztes Jahr sehr nett und persönlich damit abgelehnt, dass er in Pension sei. Sein Brief hängt selbstredend gerahmt an meiner Wand.

Ich wollte bei Dir nicht zu spät fragen!

Für eine Antwort von Dir – wie auch immer sie lautet – ist an besagter Wand noch Platz.

Liebe Grüße aus Saarbrücken

Christian Job

Paul McCartney – eine Harfe für den Beatle

Die Zeiten, da Super- und Weltstars den Weg nach Saarbrücken finden, sind längst vorbei. In den 1990ern sorgte allein der ‚Wetten, dass..?'-Tross in der Saarlandhalle dafür, dass klingende Namen aus dem Showgeschäft ab und an den Weg hierher fanden. Michael Jackson war mal da, ich erlebte Toto und auch Paul McCartney wählte einmal mit dem Privatjet die Einflugschneise Ensheim.

‚McCartney' war in der SR-Unterhaltungsredaktion immer das Synonym für ganz großes Kino, wenn es galt eine neue Show mit Künstlern zu füllen oder Preisträger für die Goldene Europa zu finden, die ihren Preis auch abholen. In den letzten Jahren waren zur Show die Headliner Graham Bonney oder Christian Anders und es wurde auch schön. Ich übertreibe jetzt maßlos, aber nun sollte der Ex-Beatle tatsächlich erscheinen, bei den ZDF-Kollegen zwar aber egal.

Das SR-Fernsehen war gerüstet. Heike Greis als Comedy-Saarländerin Gaby Recktenwald aus Niederlinxweiler sollte das heiter-lockere Interview führen und die Plattenfirma hatte signalisiert, dass direkt bei der Landung am Flughafen einen kurzen Augenblick dafür Gelegenheit sein könnte. McCartney, die Musiklegende, da musste ich dabei sein. Heike war eine gute Freundin und eine Kabelhilfe mehr oder weniger im Filmteam würde doch wohl nicht auffallen.

Eine Viertelstunde vor der Landung des Fliegers fuhren abgedunkelte Limousinen auf das Rollfeld und düstere Bodyguards betraten die Szene. Sie sahen aus wie im Film: große, stämmige Schränke mit Sonnenbrillen und ernstem Blick. „Interview? No way, no time, please leave!"
Das wollten wir doch erst mal sehen! Also wie befohlen hinter die Absperrung und dann keck nach vorne, wenn McCartney wirklich da sein würde, das war der Plan.

Der Punkt am Horizont wurde zum Jet, aus dem Himmel schwebte der nette, lustige Beatle ein. Die Bodyguards blieben hingegen finster. Die Tür ging auf, über die kleine Treppe lächelten sich mit ‚winke winke' und dem ein oder andern Autogramm Paul, Linda und der Rest der Band Richtung Limousinen. Das Kamerateam konnte nur ein paar Bilder drehen, Heike alias Gaby Recktenwald rief aufgeregt und in der Rolle ihrer Comedyfigur „Herr McCartney! Bitte". Er hielt höchstens fünf Sekunden inne, schrieb kurz mit dem Edding auf ihr weißes Hemd. Ein belustigtes Lächeln über Heikes Outfit ging über sein Gesicht und ein knappes „hoffentlich schimpft deine Mama nicht, wenn ich das gute Hemd verkritzele" über seine Lippen. Die Bodyguards bewiesen, dass sie nicht nur grimmig schauen konnten und schon war die Limousinen-Karawane auf dem Weg zu ‚Wetten, dass..?' in die Saarlandhalle. Das war nix, die Chance ein Interview mit dem Ex-Beatle zu bekommen dahin. Sch ...!

McCartney kam damals zur Präsentation der aktuellen Single ‚Hope of Deliverance' ins Saarland. In diesem Song

spielte Linda McCartney, Pauls große Liebe aber nicht unbedingt die größte Musikerin, auf einem seltsamen Teil.
Eine komische Mischung aus Zither, Keyboard, Pedal-Gi-
tarre und Harfe. Damit wurden Töne des Hauptakkordes
einzeln angeschlagen und das machte den besonderen
Sound von ‚Hope of Deliverance' aus. Eine ‚autoharp' wie
einem das heutzutage wikipedia verständlich erklärt.
Schon beim Schauen des Videos war mir dieses Instrument
aufgefallen, weil es in der Popmusik nicht alltäglich war.
Diese Autoharp sollte noch eine Rolle spielen, denn kurz

nach dem sich die Auspuffgase des Limousinenservice verzogen hatten, und unser TV-Team ein wenig mut- und ahnungslos in der Flughafenhalle das Ende des Drehtags beschließen wollte, kam der Kapitän des McCartney'schen Privatjets und hatte jene Automatik-Zither unterm Arm: „Do you have anything to do with Paul McCartney? – they have forgotten this thing!" – „Oh yes!! YES! SURE!! – Thanks, we'll bring it to him." Wieso der gold-gestreifte Uniformträger mir das Ding tatsächlich in die Hand gab, ist eines meiner großen Job-Rätsel.

Wir schöpften neuen Mut. Diese Autoharp, ein unverzichtbares weil deutlich hörbares Requisit für den TV-Auftritt, sollte unsere Eintrittskarte in die Saarlandhalle sein und uns Macca doch noch nahe bringen. Glück musste man haben. Also, schnell zur Saarlandhalle, zum Hintereingang. Die Bodyguards dort blickten weniger finster und wir fragten nach dem Manager des Super-Beatles. Ein freundlicher Herr kam keine zwei Minuten später auf uns zu, sah Lindas Playback-Utensil und strahlte. Noch bevor wir unsere Interviewanfrage erneut und mit einem schlagenden Argument vorbringen konnte, nahm er mir froh das Instrument für die engelhaften Töne ab, drehte sich mit einem knappen ‚God bless you!' um und verschwand.

Das TV-Interview konnten wir schließlich mit Hape Kerkeling machen. Der hatte selbst als Witz-Charge schon viele TV-Erfahrungen gesammelt. Hape rettete nett, professionell und ultra-komisch mit Heike/Gaby den Film.

Volker Lechtenbrink – die Reibeisenstimme mit prallen Lebenserinnerungen

Papa hatte mich gewarnt und vom Schauen dringend abgeraten. ,Die Brücke' sei extrem brutal und noch nichts für einen Jungen von zwölf Jahren. Aber in unserer Schulbibliothek war, noch bevor man auch zu Hause alles aufzeichnen konnte, eine kleine feine Filmsammlung auf U-Matic-Kassetten aufgenommen worden. Wenn die sechste Stunde frei war und wir auf den Bus warten mussten, konnte man dort Kino gucken. Das fliegende Klassenzimmer hatten wir schon durch und wollten den Film unbedingt sehen. Diesen Schwarz/Weiß-Klassiker, der Jungen zum Ende des zweiten Weltkriegs zeigte, die nur wenig älter waren als wir Zuschauer in der Freistunde.

Mit zwölf war ich aber schon in dem Alter, da man eben grade nicht so gerne auf Ratschläge hörte, und so ließen wir uns bald ,Die Brücke' in den damals noch schrankgroßen Player legen.

Um es kurz zu machen. Es war das Grauen! Die dreckverschmierten angstverzerrten Gesichter der Schüler im Schützengraben waren nur schwer zu ertragen. Einen holte ein Dumdumgeschoss vom Baum, von vorne sah man nicht viel, aber hinten hatte es dem Jungsoldat den Rücken weggerissen. Es spritzte Filmblut, das dunkelgrau noch bedrohlicher wirkte. Natürlich konnte ich Kinotricks und Realität noch nicht richtig trennen. Da wurde auf dem Bildschirm tatsächlich gestorben und eine ganze Klasse in kürzester Zeit ausradiert. Die Bilder von ‚Die Brücke' haben sich in jener sechsten Schulstunde eingebrannt und verfolgten mich noch lange. Papa schaute streng, aber der Kinoklassiker war geschaut und ich hatte die wichtigen Szenen noch über 30 Jahre später bei meiner Begegnung mit einem der Brücke-Jungs präsent.

Aufgrund dieser frühen Film-Erfahrung, wollte ich Volker Lechtenbrink unbedingt einmal persönlich erleben. Beide waren wir längst durch den Stimmbruch gegangen, aber er hatte als Mann dieses besondere Timbre bekommen, das ihn als Chansonnier wie auch als Synchronsprecher einzigartig machte. Im Studio war mir beim Öffnen der Mikrofone gleich klar, wo der Hammer hing. Auch wenn ich seinen Sprecherplatz aus Notwehr mit 15db geringer als mich selbst aussteuerte, es half nichts. Lechtenbrink hatte von Natur aus Frequenzen drauf, die nicht nur das Ohr trafen, sondern auch am Bauch ein Kribbeln erzeugten.

Seine Memorien ‚Gib die Dinge der Jugend mit Grazie auf' beschrieben ganz großes Kino und wunderbare Anekdoten von hinter den Kulissen. Er hatte im nahen Luxemburg gerne für Frank Elstner die Radio-Vertretung bei RTL übernommen und kannte die Gegend, fragte gleich beim Händeschütteln nach Manfred Sexauer, dem alten Helden vom Halberg.
Worüber sollten wir reden? Die vorbereitende Lektüre war wie bei einer Speisekarte. Man brauchte nur die leckersten Geschichten in einer Sendung unterbringen. Und immer gab es eine Pointe, z.B. wie er an einem Weihnachtsabend melancholisch durch Hamburg spaziert war und plötzlich auf die Idee kam in einen Puff zu gehen, um den Damen dort die Geschichte der heiligen Nacht vorzulesen.

Ich konnte lediglich einige Themen ansprechen und brauchte Lechtenbrink nur antippen, um in bester Hörbuchstimme seine packende Lebenserinnerung erzählt zu bekommen.

Da war z.B. Theo Lingen, der große hagere Gentleman, der ihm, dem blutjungen Theaterschauspieler in der Kantine die Frikadelle und den Kartoffelsalat weggefuttert hatte:

„Junger Freund, was essen wir denn da gerade?" so näselte Lechtenbrink in perfekter Lingen-Parodie und spiele die Szene von damals nach.

„Eine Bulette Herr Lingen!"

„Und das Weiße daneben?"

„Das ist der Kartoffelsalat!"

„Dürfte der ältere Kollege mal prrrrobierennnn?"

„Selbstverständlich, gerne – und so hat er mir dann immer mein Mittagessen weggegessen, aber auf so liebenswürdige

Art und Weise. Ich kam dadurch in den Genuss seiner Gesellschaft, das war immer ein Erlebnis mit Theo Lingen!"

Gleich ging es weiter in ungeahnter Prominentendichte: Lechtenbrink hatte sich im Amerikaurlaub mit Country Star Kenny Rogers angefreundet, der nicht wusste, dass er da mit dem Interpret seiner Hits auf deutsch Tennis spielte.
Im Hotel hatte ‚Wolka' intensive Balkongespräche über zwei Etagen mit Robert de Niro und durfte schon als Teenager den Ausnahmeschlagzeuger Gene Krupa persönlich treffen.
Lechtenbrinks erste große Leinwandliebe kam jedoch aus Deutschland, denn schon als Kinobub hatte er sich unsterblich in Nadja Tiller verschossen. Noch immer leuchteten seine Augen, wenn er davon sprach, wie er als kleiner Buttche, mit 50 Pfennig vom Papa ausgestattet den Orientschinken ‚El Hakim' sehen konnte:
„O.W. Fischer war der Arzt El Hakim und da war Nadja Tiller ganz verschleiert, schwarz. Aber diese wunderbaren Augen, diese ganze Frau hat mich beeindruckt. Dieses Bild habe ich lange Jahre mit mir herumgetragen und war verliebt in Nadja Tiller."
Die echte Begegnung war natürlich erst Jahrzehnte später zustande gekommen, aber Lechtenbrink hatte als Regisseur mit Tillers Ehemann Walter Giller zu tun und war für die Proben zu beiden nach Lugano gereist: „Ich war immer noch unter diesem Eindruck von früher und ‚El Hakim'. Ich kriegte in Nadjas Beisein keinen Bissen runter und schwitzte, weil ich wusste ja etwas, was sie nicht wusste: dass ich mal so unsterblich in sie verliebt war. Eines Tages sagte sie: ‚Volker was ist denn mit dir, du bist sonst so gut dabei,

aber wenn wir hier sind bist du ganz anders?' Und da habe ich mich entschlossen, ihr die Geschichte zu erzählen und dann hat sie mich in den Arm genommen, einen Kuss links gegeben und einen Kuss rechts und hat gesagt: ‚Volker, das war eines der schönsten Komplimente die ich jemals erhalten habe.' Ich war erlöst!"

Theater, Film, Synchron und Musik – Lechtenbrink war in vielen Feldern des Showgeschäfts aktiv und erfolgreich gewesen. Er hatte für Peter Maffay getextet und dessen Wechsel von der Schlagerszene in die Rockmusik mit vorangetrieben. Das Duo Hoffmann und Hoffman sang mit ‚Rücksicht' seine Worte 1983 beim Grand Prix als Heimspiel im Jahr nach Nicoles Triumpf in Harrogate.
Und schließlich war er selbst als Sänger aktiv, Mit deutschen Versionen von Kris Kristofferson Songs war der Mann mit der Superstimme angetreten. Und das trotz manchem schrägen Ton. Sein Timbre überzeugte auch in der Musik und bescherte ihm reichlich Hits. ‚Leben so wie ich es mag', ‚Der Spieler', ‚Der Macher', ‚Hitch Hike Baby' und viele Songs mehr.
Gerade der Saarländische Rundfunk hatte Lechtenbrink in den 70er Jahren mit einem großen Film-Portrait geehrt und ein besonders Live-Konzert in Hamburgs Traditionskneipe ‚Onkel Pö' aufgezeichnet. Da spielte nicht die Rentnerband von Lindenberg. Das Publikum bestand aus alten Freunden, unter anderen allen Mitstreitern von ‚Die Brücke'. Im Qualm einer anderen Zeit, kettenrauchend, waren die Gäste zwar kaum zu erkennen, aber beim Konzert war eine sehr gute Stimmung.

Die alte Aufnahme hatte ich vorher im Fernseharchiv besorgt und auf DVD brennen lassen. Lechtenbrink freute sich, diese digitale Erinnerung an seine wilden Jahre zu bekommen und unterschrieb ohne Murren die offizielle Erklärung, die mir die SR-Honorarabteilung vorgelegt hatte:

> *Ich bestätige den Erhalt der DVD-Kopie der TV-Sendung „Life – Volker Lechtenbrink (SR 1978) und werde diese nur für private Zwecke nutzen bzw. archivieren.*
>
> *(Volker Lechtenbrink)*

Auch Stars hatten den Kopierschutz und die Urheberrechte zu beachten, da war unsere Verwaltung unerbittlich. Aber nun war Gelegenheit, mein immer noch leicht vorhandenes ‚Brücke'-Trauma zu besprechen:
„Volker Lechtenbrink, Sie waren im Film Kindersoldat, waren direkt dabei. Wie sind sie da abends wieder runterkommen nach dem großen Sterben?"
Er lächelte. Auch aus der ‚Brücke'-Zeit waren seine Erinnerungen scharf und plastisch:
„Es ist schon was anderes, wenn man es dreht. Es nimmt einem in dem Moment mit, wo's gedreht wird. Dann sind natürlich alle Sinne und Nerven erregt und angespannt. Aber man muss das dann danach versuchen für sich zu egalisieren sonst würde man durchdrehen."
Lechtenbrink und seine Kameraden hatten aber auch Hilfestellung durch den Regisseur erhalten: „Das war einer der unheimlichen Vorteile an Bernhard Wicki. Er konnte irrsinnig behutsam sein. Wer seiner Meinung nach den schwersten Tag hatte, oder es waren zwei oder drei im Schützen-

graben – mit denen hat er den Abend davor gegessen und gesagt: ‚Pass auf, das kommt auf dich zu.' Das war prima, wie er das gemacht hat."

Plötzlich war Lechtenbrink, obwohl über 60 und schon Rentenempfänger wieder der Junge im Saft der Jugend und voller Flausen im Kopf. Kriegsfilm hin oder her, man war ungestüm und Lausbub leuchtete es erneut aus seinem Blick:

„Ich meine wir waren von 14 bis 19, sieben Jungs. Und wir waren alle nicht ohne. Da wurde Musik gespielt, da wurde gefeiert, geflirtet, da wurde alles gemacht."

Manfred Sexauer – Radio Urgestein und treuer Wahlsaarländer

In Saarbrücken waren viele beachtliche Medienkarrieren gestartet. Der Dieter, der Thomas, der Heck sammelte im Radio auf dem Halberg genügend Spucke, um dann bei der ZDF-Hitparade in ‚Bärrrlinn' seine Schnellansagen rüber zu bringen. Jan Hofer wurde nach der Erfindung der Superbox für den SR sowie als Jazzexperte irgendwann seriös und brachte es mit den Jahren im Ersten zum Tagesschauchef-sprecher. Ilona Christen war erst einmal gutgelaunt im Radio zur Mittagszeit aktiv. Sie zog es aber dann nach draußen und zum quotenstarken Fernsehgarten. Nur wenige waren Saarbrücken über die Jahre treu geblieben und bekamen trotzdem deutschlandweit von Fans Zuspruch. Der ‚Alltime-SR-Star' auf dem Halberg war Manfred Sexauer.

Anfang der 60er Jahre hatte man den gelernten Schauspieler aus einen festen Engagement am Theater in Karlsruhe nach Saarbrücken gelockt. Es war die Zeit des Umbruchs. Der etwas muffig anmutende öffentlich-rechtliche Rundfunk musste und wollte neue Wege gehen und hatte zum ersten Mal zielgruppenorientiert die jungen Hörer im Blick. Manfred hatte im El Dorado neuer Ideen viele Möglichkeiten und Freiheiten, nutze die Chance und landete einen Volltreffer. Die mittelwellenstarke junge Europawelle war nachts und bei klarem Himmel nahezu auf dem gesamten Kontinent zu empfangen und die Hörer draußen an den oft zitierten Geräten mit ihren Sounderwartungen noch nicht streng auf stereo und glasklar getrimmt. Niemand ließ sich von ein bisschen Senderauschen abschrecken, denn die Musik spielte in Saarbrücken und nicht woanders. ,Hallo Twen' brachte die Platten, die in anderen Funkhäusern mit spitzen Fingern sofort zum Papierkorb gebracht wurden, niemals aber ins Studio. Beat, Rock, später die Hippiemusik der Langhaarigen, sowie laute Stromgitarren mit ausgedehnten Soli. Das war die Musik für die Jugend, die an Manfred Sexauers Lippen hing.

Dem Donnerwetter, das die altehrwürdigen Rundfunkverantwortlichen in den Sendeanstalten rundum anstimmten, standen Körbeweise Fanbriefe im Weg. Saarbrücken hatte ein dickes Fell und langen Atem. Auch wenn bisweilen mit einem Rausschmiss aus der ARD gedroht wurde: die Saarbrücker Radioleute und Sexauer hielten den Theaterdonner aus und machten ihr Ding mutig und selbstbewusst weiter. Die Fangemeinde wuchs und Manfred bekam große Stars ins Studio, brandneue Musik aus den USA und Großbritannien, und seine Sendungen bildeten das Radio-Zentrum einer ganzen Generation. Auch und besonders in der DDR. Dort dudelte natürlich nur der sozialistisch verordnete und offizielle Musikgeschmack über die Sender. Wer Stones und Beatles hören wollte musste Westsender hören und war bei Manfred Sexauer bestens bedient. Der konnte sich hinter dem eisernen Vorhang mehr als Pionier fühlen. ,Karat'-Gitarist Bernd Römer gestand ihm einmal per Brief, dass er nur deswegen Musiker habe werden wollen, weil er bei Sexauer im Radio so einzigartige Bands habe hören können. Manfred habe ihm die nötigen Vorbilder geliefert, es selbst probieren zu wollen. Ein größeres Lob konnte ein DJ nicht bekommen!

Ich kam erst eine Generation später vor das Radio und da waren die Hits, die Manfred Sexauer in den 60er und 70ern gemacht hatte, schon auf dem Weg Oldies zu werden.
Aber zu meiner Zeit war Sexauer im Fernsehen ein wichtiger Musik-Präsentator. Lange bevor die Videodudelstationen wie Viva oder MTV auf Sendung gingen und auch bevor die ARD mit ,Formel eins' das erste Hitparadenformat ins Programm nahm, präsentierte Manfred im Musikladen meine frühen Pop-Idole wie ABBA oder Smokie. Für mich

waren Ilja (Richter) und Manfred die ersten großen TV-Musik-Experten, die mit den Stars auf Du und Du waren. Und es gab die ‚Goldene Europa'. Aus Saarbrücken wurde jährlich der älteste deutsche Showpreis vergeben. Da schaute man als Kind aus der Region natürlich Manfred Sexauer zu.

Wie TV-Stars sind, wenn keine Kameras auf sie gerichtet sind, das durfte ich zum ersten Mal an einem Samstagabend erleben. Als Schüler und glühender Radio-Fan wurde ich von Bernd Duszynski und seinem Team ausgelost und durfte als ‚Hilfsmoderator' im ‚Glücksrad' live dabei sein. Die Sendung war an jenem Abend kürzer und endete schon um 22.30 Uhr, weil danach aus Saarbrücken der ARD-Nacht-Express ausgestrahlt wurde. Wer konnte deutschlandweit besser den SR vertreten als Manfred Sexauer? Ich sah ein berühmtes Fernsehgesicht in echt, hatte mich mit seiner Blanko-Autogrammkarte bewaffnet und ließ sie mir signieren. Freundlich, lächelnd und auch kurz vor seiner Sendung entspannt nahm er sich Zeit für seine Fans. Ich war zufrieden und fand gerade in der Kürze der Zeit, dass dieser Mann ein Netter ohne Starallüren sein würde. Dieser erste Eindruck sollte sich später verfestigen.

Ich hörte seinen Geschichten und Anekdoten immer gerne zu. Zum Beispiel die von Dave Dee, der seine Truppe mit dem unaussprechlichen Rattenschwanz um ‚Dozy, Beaky, Mick and Titch' erweitert hatte. Jener Dave habe vor dem Radiointerview in der SR-Kantine eine Flasche Rotwein gepichelt und war von diesem köstlichen Tropfen so nah an der französischen Grenze derart begeistert gewesen, dass er über den Sender die Hörer einlud, mit ihm weiter zu trinken. Die Spontanparty nach der Sendung dauerte lange und bescherte zu jener Zeit der Plattenfirma einen ordentlichen Deckel.

Diana Ross hat Manfred einmal an den Bodyguards vorbei mit Frankfurter Würstchen versorgt und mit Freddy Mercury von Queen war er Flammkuchen essen gewesen. Der Frontmann von Queen sei damals in Begleitung von Barbara Valentin ins Saarland gekommen und habe diese ,french pizza' essen wollen. Manfred kannte über der Grenze die passende Lokalität und konnte später von einem unvergesslichen Abend berichten. Allein achtmal habe er ABBA in seiner Sendung gehabt, erzählte er mir und genoss ein bisschen meinen neidvollen Blick. Sexauer hätte viele Bücher mit seinen Erlebnissen schreiben können, aber allzu viel Aufhebens um seine Person wollte und brauchte er nicht.
Wenn wir eine Oldiesendung zusammen machten und ich mich freute, ihn, die Legende im Studio zu haben, durfte ich nie den Fokus zu sehr auf ihn richten. Dann sagte er: „Arschi, das ist UNSERE Sendung, du bist auch da!" Das machte mich sehr stolz.

Sexauer war jahrelang ohne Alter. Man wusste es nicht genau und er sprach nicht drüber. Musik hielt für immer jung und was waren schon Zahlen. Zu seinem 80. Geburtstag nannte er dann doch 1930 als seinen Jahrgang und keiner mochte das glauben.
Wie Sexauer mit seiner Pensionszeit, dem gemütlichen Teil des Lebens umging, imponierte mir sehr. Sein Expertenwissen, seine Musikbegeisterung brachte er immer wieder gerne ein. Manfred war auf Musikerreise nach Mallorca,

moderierte ein Oldiefestival auf der Bühne oder war zu Gast im Studio. Sein Engagement für die S.O.S-Kinderdörfer, die er immer unterstützt hatte und für die Millionen zusammengekommen waren, blieb ebenso ungebrochen.

Traurig war der Anlass einer Begegnung. Ilona Christen war gestorben, plötzlich und unerwartet. Manfred kam für eine Würdigung zum Halberg und wusste viele Anekdoten von gemeinsamen Sendungen zu erzählen. Die Zeit, als die Frau aus dem Fernsehgarten noch gute Laune im Radio in Saarbrücken verbreitet hatte, wurde wieder lebendig. Ich fand seine Worte sehr einfühlsam und lebendig und sagte das Manfred nach der Sendung auch. Er nickte und legte gleich eine Pointe nach. „Das mach ich doch gerne, das gehört sich so, wenn jemand stirbt und man es nicht selber ist!"

Manfred hatte über die Jahre als Moderator für nahezu jeden Anlass immer die richtigen Worte gefunden. Einmal aber sollte er der Gast sein, um den sich eine Show drehte. Die schönsten Geschichten aus seiner ‚Hallo Twen'-Zeit hatte der kleine Mann mit der sonoren Stimme als Hörbuch eingelesen. Mit der CD-Präsentation auf dem Halberg sollte das SR-Urgestein geehrt werden. Eine Coverband war engagiert und, was der Jubilar nicht wusste, zwei Stargäste. Im Gespräch mit Eberhard Schilling wurden Erlebnisse erzählt und an der richten Stelle spielte die Oldie-Band die passende Musik. Die Originalinterpreten warteten hinter der Bühne im Geheimen.

Es war Nikolaustag und irgendwann kam die Zeit, den Mann im roten Mantel auf die Bühne zu bitten. In perfektem Englisch präsentierte ein singender Rauschebart ‚Santa Claus' und lächelte Manfred zu. Der versuchte hinter die Maske zu blicken um einen alten Weggefährten zu erkennen. Rätselraten bei Manfred und dem Publikum. Erst zum Schlussapplaus fiel der Bart, die Überraschung und Freude war riesig und perfekt. Graham Bonney und Manfred lagen sich in den Armen. Das war einer der wenigen Momente, wo man Sexauer zumindest kurze Zeit sprachlos erlebte.

Ein zweiter Oldiemeister sollte folgen. An einer Stelle war von Manfred gefordert, eine seiner Hitparaden aus den 60ern vorzulesen. Bei Platz 5 und Chris Andrews kam ebenjener strahlend, wenn auch mit schütterem Haar, aus der Kulisse und sorgte für den zweiten großen Aha-Moment des Abends. Manfred war also nicht nur gegenüber Fans und Kollegen immer ein Netter gewesen, auch die Stars schätzten und mochten ihn und kamen gerne, wenn es ihn zu feiern galt.

Carl Bossert
und die Saarlandhalle

In Sachen Stars, Musik und Show war für die Menschen der Region lange Jahre die Saarlandhalle der einzige und im Südwesten auch führende Event-Tempel. Heute spricht man ambitioniert von neuen Projekten, damals spielte die Musik noch wirklich am Ludwigspark.

Mein allererstes Konzert, dort und überhaupt, war das der Udo Lindenberg ‚Odyssee'-Tournee. Bald darauf erlebte ich die kanadischen Superstars von Saga, die mit ‚Wind him

up' und ‚On the loose' Hitparadenstürmer der 80er waren. Damals spielte ein unscheinbarer Typ im Holzfällerhemd mit seiner Gitarre das Vorprogramm. ‚I can hear your heartbeat' war der Song, mit dem Chris Rea seine Weltkarriere begründete. Aus der Vorgruppe wurde ein Superstar, Saga sind längst Musikgeschichte. So kann es gehen – auch mit der Saarlandhalle.

Elton John hatte Anfang der 90er da gespielt. Das Publikum tobte. Was ein charismatischer Künstler ist, habe ich damals live erlebt, als Sir Elton im giftgrünen Anzug und farblich passendem Schiffchen auf dem Kopf die Bühne betrat und sich schlicht verbeugte. Noch bevor der erste Ton gespielt wurde war der Jubel schier gigantisch.

In keiner Stadt gab es bis zum Ausscheiden von Thomas Gottschalk mehr ‚Wetten, dass..?'-Produktionen als in Saarbrücken. Peter Alexander hat öfter im Saarland Konzerte gegeben, als beispielsweise in München. Dies alles war nicht zuletzt dem glücklichen Händchen und gastfreundlichen Auftreten von Carl Bossert zu verdanken.

Bossert ist der Fritz Rau für das Saarland gewesen, ein leidenschaftlicher Impressario, ein Konzertveranstalter der alten Schule. Er kannte die Stars und sie kannten ihn und waren immer gerne auf der Bühne am Ludwigspark.

Carl Bossert lernte zuerst Metzger, arbeitet nach dem Krieg für die

Fleischwaren-Industrie und schwenkte dann um in die Gastronomie. Als Betreiber von Bierzelten begann er schon 1949 Unterhaltungsprogramme zu organisieren. Erst im Zelt, dann für den Deutsch-Französischen Garten und schließlich ab 1967 in der frisch eröffneten Saarlandhalle.

Ich lernte Carl Bossert erst zu seinen Pensionszeiten kennen. Für den Start der schnellen ICE-Verbindung nach Paris war ich auf der Suche nach Fahrgästen, die schon zu früheren Zeiten an die Seine gereist waren. Carl Bossert war ein Zeitzeuge, der direkt nach dem Krieg, quasi zum ersten Mal in Friedenszeiten über die Schiene nach Frankreich gefahren war, um Fleischgeschäfte zu tätigen. Über die Recherche, die Gespräche und Interviews kamen wir schnell auch auf die Saarlandhalle zu sprechen und mein Erstaunen war riesengroß.

Der ‚fröhliche Rentner' (Bossert über Bossert) war einst der Macher hinter meinen unvergesslichen Konzerterinnerungen. Die Eintrittskarten, die ich daheim immer noch als wichtige Andenken aufbewahrte, er hatte sie drucken lassen. Und so kam ich Jahrzehnte später mit Charly, wie er in der Branche genannt wurde, doch noch gedanklich hinter die Bühne und bekam exklusive Star-Infos. Es waren Anekdoten, die vom großen Starrummel im kleinen Saarbrücken erzählten:

Mein Konzertbesucher-Debüt bei Udo Lindenberg hatte damals nämlich ein Nachspiel: Die Entourage der rockenden Nachtigall aus Gronau hatte in den Garderoben der Saarlandhalle einen ziemlichen Saustall hinterlassen. Mehr noch: der eben erst für klassische Musik angeschaffte Konzert-Flügel in der Halle war durch wilde Tanzeinlagen zerkratzt und beschädigt worden. Am Morgen danach ließ Bossert sich an der Hotelrezeption nicht abwimmeln und zum übernächtigten und zerknautschten Star durchstellen. Diese erste Telefonverbindung beendete der umjubelte aber müde Rocker locker mit von Bossert bis heute nicht preisgegebenen Vokabeln.

Beim zweiten Anruf wurde Klartext geredet: Entweder treffe man sich gleich vor Ort, um die Schadenregulierung zu besprechen, oder die Fotos mit den Zerstörungen der Vandalen gingen an die Presse, so Bosserts unmissverständliche Ansage an Lindenberg. Man hatte nie etwas gelesen, also bekam Udo damals offenbar schnell den Hintern aus dem Hotelbett und bezahlte den Flügel.

Vom anderen Udo, dem Jürgens, wusste Bossert Folgendes zu berichten: er habe immer dafür sorgen müssen, dass hinter der Bühne zwei Frauen auf den Star warteten – mit unterschiedlichen Haarfarben für des Künstlers After-Show-Vergnügen.

Udo Jürgens habe ich mit dieser Geschichte natürlich konfrontiert. Laut lachend hielt er dagegen, dass er niemals einen Veranstalter gebraucht habe, um eine Frau kennen zu lernen. Der Charly sei in diesem Fall ein Märchenerzähler, aber ein lieber Freund, den ich herzlich von ihm grüßen solle.

Mir schien, Freundschaften, zumindest freundschaftliche Kontakte ins Showgeschäft waren das Erfolgsrezept des Konzertmannes aus Saarbrücken. Bossert ging es nicht nur darum, ,seine Halle' zu vermieten, er hatte Lust auf große Namen und sie auf ihn.

Die Saarlandhalle und die dort veranstalteten Konzerte sind auch bis heute Bosserts Leidenschaft. Er bemerkt im-

mer wieder schmunzelnd, bescheiden aber aus Überzeugung, dass früher mehr los war. Ob eine neue Halle die
großen Events ins Saarland zurückholen kann, bezweifelte
er. Mehr Unternehmergeist von damals müsse her und die
Lust an guten Konzerten.

Die Zeiten dafür waren sicher härter geworden und ein
Konzert nicht mehr per Handschlag zu terminieren. Auch
könnte man heutzutage wohl
nur schwer einen Tourplan
mit den anderen deutschen
Hallen einfach umwerfen,
wenn man einen Termin
tauschen mochte. Damals
allerdings wurde schon mal
ein Maffay-Konzert mit
Dortmund schlicht ge-
schoben. Dann nämlich,
wenn eine mehrtägige
TV-Show für den geplan-
ten Termin für Saarbrü-
cken angefragt wurde
und terminlich kollidiert
hätte.

Bosserts Showleben hatte ihm Begegnungen mit Weltstars
ermöglicht. Das ZDF war oft und gerne zu Gast in der Saarlandhalle und brachte die Stars mit. Proben und Playback-
aufnahmen vor Ort dauerten Tage. Bossert schwärmte mit
leuchtenden Augen vom Gitarre spielenden Carlos Santana,
der sich ob des besten Sounds in den Mannschaftsduschen
ein kleines Studio eingerichtet hatte. Karajan oder Freddy
– Quinn und Mercury, die Namensliste war riesengroß.

Die Beach Boys hatten ihn einmal versetzt und flogen ab Brüssel wieder heim in die Staaten, statt via Luxemburg nach Saarbrücken zum Auftritt zu kommen. Anwaltliche Bemühungen und unzählige in die Maschine diktierte Briefe blieben unbeantwortet. Erst als sich Bossert hinsetzte und handgeschrieben bedauerte, dass Saarbrücken sich gefreut habe, und er als mittelständischer Unternehmer nun auf hohen Kosten sitze und um sein Ansehen kämpfe, kam endlich eine Reaktion. Die Beach Boys entschuldigten sich, hielten den Vertrag nachträglich ein, spielten bald darauf ohne Gage und holten das Konzert nach.

In der wilden Hippiezeit hatte man dem Charly auch schon mal was ins Glas gekippt, auf dass er selbst berauscht und beseelt zur Bühne wollte, eine Musikerkarriere plötzlich für möglich hielt und bis alles vorbei war, in seinem Büro eingesperrt werden musste.

Carl Bossert beim Erzählen zu lauschen war immer eine unglaubliche Zeitreise, meist daheim im Wald, in seinem Blockhaus auf dem Winterberg. Dem Ort, an dem auch Peter Alexander mit seiner Frau bei jedem Gastspiel in Saarbrücken beherbergt wurde. Aber das soll eine anderes Kapitel sein.

Peggy March und Lou Bega – zwei ganz verschiedene Hitparaden-Stürmer

,Number One-Stars' aus der Mutter aller Hitparaden, aus Amerika, sind selten in Deutschland anzutreffen. Aus unserem Land kommen sie so gut wie nie.

Bert Kaempfert schaffte es 1961 mit dem gefühlvollen Trompeteninstrumental ,Wunderland bei Nacht' an die Spitze in den US-Charts und war damit für Deutschland der Erstbezwinger dieses Musikberges.

Nena erreichte mit der englischen Version von ,99 Luftballons' in den 80ern nur den undankbaren zweiten Platz. Falco war mit ,Rock me Amadeus' oben, aber seit meiner Begegnung mit Claude Oliver Rudolph wusste ich, dass man Deutsche und Österreicher nicht in einen Topf werfen kann. Lou Bega's ,Mambo No 5' war 1999 ein weltweites One-Hit-Wonder, Chartbreaker in Deutschland und England, allerdings nur Platz drei in den USA.

SR-Musikspürnase Wolfgang Hellmann hatte schon im Frühjahr Lou Bega entdeckt und den unbekannten Sänger mit dem geklauten Perez Prado Groove in weiser Vorahnung gleich nach dem Auspacken und einmaligen Anhören seiner Debut-Single zu einer extrem kleinen Gage für das Schülerferienfest auf dem Halberg eingekauft. Zum Start der großen Ferien hatte sich ,Mambo No 5' zum Welthit erhitzt und war der beliebteste Song dieses Sommers. Lou Bega verlangte zu diesem Zeitpunkt schon das mindestens

zehnfache an Honorar. Doch die Vertragstinte vom Frühjahr war längt trocken und so kam er etwas einsilbig und
quasi zum Unkostenbeitrag, um vor den begeisterten saarländischen Schülern die Sommerferien einzuläuten.

Ein Interview mit Newcomern und nur einem Lied im Player war mitunter schwierig. Da gab es dann von der Plattenfirma einen sogenannte ‚Waschzettel' mit wenigen bio-
grafischen Details. Den Rest erfuhr man mit Glück dann im
Gespräch, oder auch nicht. Bei Lou Bega waren seine italienischen Wurzeln bekannt und es stand dort, dass er gerne
koche wie bei Mama. Da wollte ich gerne ein tolles Rezept
aus ihm kitzeln und war nach der Nennung seiner größten
Lieblingsspeise ‚Pesto' schon sehr gespannt. Statt einem
besonderen Zubereitungstipp kam allerdings von Lou Bega
nur, dass er gewöhnlich dazu ein Glas aufmache, und den

Inhalt über die heißen Nudeln kippte. Diese Antwort offenbarte eine große Wahrheit des Showgeschäfts. Eintagsfliegen sind nicht nur extrem kurz erfolgreich, sie haben in dieser Zeit auch eher wenig zu erzählen.

Beim nächsten Treffen mit einer Hitparaden-Nummer eins hingegen lag eine Fülle von Fragen auf dem Tisch, denn die Frau, die gerade ihren 60. Geburtstag gefeiert hatte war schon fast ein halbes Jahrhundert unterwegs und das mit Erfolg in vielen Ländern.
Peggy March hatte in den 60ern Anlauf zu ihrer Weltkarriere genommen. Wie damals üblich wurden eingängige Melodien mehrfach verwertet. Es gab in Großbritannien einen Hit von Petula Clark. Dieses ,Chariot' wurde in den USA

gleich zweimal neu eingespielt. ‚Ricky Nelson' sang ‚I will follow you' und die kleine 14-jährige Peggy March folgte musikalisch ‚ihm'.

‚I will follow him' kam 1963 an die Spitze der US-Hitparade. Und wo erfuhr sie davon? Das wollte ich wissen: „Daheim beim Putzen in der Küche", erzählte Peggy March stolz, denn ihre Eltern hätten sehr genau darauf geachtet, dass man auf dem Teppich bleibe. Zu den Aufgaben der jungen Peggy habe es damals gehört, freitags beim Großreinemachen zu helfen. Dabei habe sie die Nachricht aus dem Radio erfahren. Damals noch ‚Little Peggy March' genannt, machte der heranwachsende Teenager allerdings bald unmissverständlich deutlich, dass sie mit einem ‚Klein-Erna Image' keine Karriere begründen wollte. So bekam sie am 15. Geburtstag von der Plattenfirma eine Torte mit ihrem Namen und das ‚little' war mit Kuvertüre durchgestrichen.

Weltstars sind Frühaufsteher. Mochte ein blutjunger Anfänger vor Mittag kein Auge aufbekommen. Peggy March nahm mit 8 Uhr am Morgen den frühesten aller Interviewtermine und war pünktlich mit ihrem Ehemann und Manager Arnie Harris wach und fröhlich im Studio.
40 Jahre waren March und Harris da schon zusammen. Ihr Kennenlernen musste einst verschoben werden, weil sie ihren angehenden Manager öfter versetzte. Das war der Liebe aber offensichtlich nicht abträglich. Jahrzehnte danach waren Verspätungen denn auch längst Geschichte und das Paar war offen für ein langes Interview. Arnie saß im Studio dabei, flüsterte ab und an ein Stichwort ein und gab abseits der Interview-Runden Anmerkungen und Anekdoten zum Besten.

Es war das pralle Leben einer langen Showkarriere. March, die mit nur wenig Akzent redete, konnte ihr großes Sprachtalent mit Erfolgen in vielen Ländern belegen. Sie war dank sizilianischer Wurzeln mit italienischen Liedern in den Hitparaden gelandet. Aber auch in Japan ging es nach oben, weil sie in der Nachbarschaft in den USA damals eine Bekannte und Aussprachehilfe aus dem Land des Lächelns hatte.

Von Deutschland und ihrer Zeit als Schlagerstar bei uns schwärmte sie mit vielen tollen Produktionen. Arnie Harris, der mit seinen über 80 schon etwas klapprig war, aber messerscharf in seinen Erinnerungen, gab später an, er habe schon ganz früh in Amerika Big Bands gemanagt. Aber was in Sachen Show- und Unterhaltung in den 60er und 70er Jahren in Deutschland geleistet worden war, das sei einzigartig gewesen: „Christschen, diese Fernsehzeit hier, so was gab es in Amerika su diesa Zait niggt, das war grauenvoll mit andauernd Commercials. Hia bei Euch, ob Peder Alexander oder andere, ganz große Shows mit Orchestra und alles. Wir sind froh, hier dabei gewesen su sain, glaub mir!"

Arnie wusste wovon er sprach, lange hatten er und Peggy March in München gelebt. Harris war eine zeitlang auch für andere Künstler tätig gewesen und kümmerte sich auch um Peter Maffay, bis dieser schließlich lieber in Lederjacke den Weg in die Rockmusik wählte.

Peggy March strömte die große Zufriedenheit einer glücklichen Oma aus. Für ihre Tochter habe sie karrierebedingt nicht soviel Zeit gehabt, aber jetzt mit dem Enkelkind dürfe sie manches nachholen. Die Lieder zu ihrer aktuellen CD habe sie teilweise draußen im SUV geübt, weil sie drinnen nicht das Mittagsschläfchen der Kleinen habe stören wollen.

Diese aktuellen Produktionen enthielt neben neuen Songs ihre alten Hits wie „Mit Siebzehn hat man noch Träume" oder „In der Carnaby Street" in neu aufgenommenen Versionen. Entgegen der Originale waren die Arrangements allerdings günstiger im Computer erstellt worden. Kein Vergleich mit den saftig und von Hand gespielten Orchesterteilen früherer Jahre. Ehemann Arnie hatte Recht, damals war das in Deutschland noch anders. Also sprachen wir über Peggy March Album davor. Das war in Amerika entstanden und auch nur dort zu haben. Das war großer Klang mit Streichern und Big-Band-Bläsern. Offenbar hatten die Amis für ihre damalige Nummer eins ein angemessenes Buget für Studioaufnahmen. Aber Oma Peggy war zufrieden und freute sich über den Respekt, den man ihrem Lebenswerk entgegenbrachte. Dass ihr Hit ‚I will follow him' mit den ‚Sister Act' Produktionen im Kino und später auch auf der Musicalbühne durch Whoopie Goldberg Unsterblichkeit erlangten, stimmte sie fröhlich.

Wolfgang Niedecken – vom ersten Mal zum Silberjubiläum

Dem BAP-Chef geht es wieder richtig gut! Seine schwere Erkrankung im Herbst 2011 war ein Schlag in die Magengrube für viele Fans und auch für mich. Denn wenn es einen beliebten Rockstar aus den Schuhen haut, wird deutlich, wie sehr seine Musik die eigene Jugend geprägt hat. Weil er live und besonders per Kassette im Auto immer und überall dabei war, wenn es gut oder weniger gut lief. Musik und Songschreiber sind ein Teil auch der Biographie ihrer Fans.

Im März 1986 waren BAP auf dem Zenit ihrer Karriere. Mit den Platten ‚für usszeschnigge' und ‚vun drinne noh drusse' belegten die Kölner die Plätze eins und zwei der Albumcharts. So hatte eine Hitparade zuletzt bei den Beatles ausgesehen. Mit dem aktuellen Werk „Ahl Männer – aalglatt" lief die Tournee in meinem Abiturjahr durch ganz Deutschland.

Die BAP-Texte klangen für mich vertraut. Mein Opa stammte aus dem Rheinland, die Mundart hatte ich also von Kind an spielend mitgelernt und musste nicht so oft wie meine Schulfreunde im LP-Booklet die Vokabelübersicht bemühen.

Der Redaktionsschluss unserer Abi-Zeitung stand an. Da außer ein paar tanzwütigen Poppern und noch weniger Klassik-Freaks der Großteil meines Jahrgangs auf BAP stand, dachte ich, ein Grußwort von Wolfgang Niedecken würde dieses jungjournalistische Meisterwerk krönen. Karten für das Konzert in der Barbarossahalle von Kaiserslautern hatte ich längst. Also nahm ich ein weißes Blatt Papier und einen Stift mit.

BAP-Konzerte zeichneten sich von jeher dadurch aus, dass sie lange dauerten. Ein begeistertes und klatschwütiges Publikum konnte die Band immer wieder auf die Bühne holen, sogar bis alle geprobten Stücke gespielt waren und man im Improvisationsteil besonders rare Songs erwarten konnte. Kurz, die Truppe verließ irgendwann weit nach 23 Uhr pitschnass und geschwitzt die Bühne und verschwand.

Ich wartete und sah den Roadies beim Abbauen zu. Kurz darauf erschien Niedecken und ich rief ihm freudig ein „Hallo, darf ich dich was fragen, Wolfgang?" zu. „Isch kumme jeleich, muss ez ens wat essen, drei Stunden jeackert, Jung!" ... klar kein Problem, ich hatte Zeit und folgte in respektvollem Abstand dem BAP-Chef in Richtung des Backstage Bereichs, blieb aber dann doch vor einer Glastür stehen, die in einen langen Gang führte. Nach und nach sammelten sich weitere Fans an der hohlen Gasse, durch die die Kölschrocker irgendwann wieder rauskommen mussten. Alle BAP-Beteiligten sollten beim Passieren die Plakate vom Merchandise-Stand signieren. Niedecken blieb zunächst drinnen. Sein Hund Blondie, ein heller schlanker Mischling mit der Ruhe eines meditierenden Mönches tapste umher. Sofort wurden die Plakate so auf dem Boden drapiert, dass der niedeckensche Vierbeiner mit den Pfoten drüber laufen musste. Die BAP-Jünger freuten sich tierisch, dass sie nun auch den Abdruck eines bellenden Rockstars gesammelt hatten.

Irgendwann kam Wolfgang: getrocknet, auch etwas erholt und ging Richtung Bühne zu den Roadies, nachdem er geduldig alle Plakate signiert hatte. Ich folgte ihm erneut und probierte mein Glück zum zweiten Mal. „Darf ich noch mal nerven, Wolfgang?"

Der Roadie rief etwas herüber und Niedecken klärte zunächst die Frage zum weiteren Ablauf. Dann nahm er mich in den Arm und lächelte: „O.k. Jung, nerv weiter!" ...
Das Blatt ward gezückt, der Stift war parat und schrieb auch.

Keine zwei Minuten später zog ich mit einem zufriedenen „Danke Dir und Tschüß" meines Wegs ...

... Ich durfte Wolfgang Niedecken später viele Male interviewen, z.B. im Promotion BAP-Zug von Frankfurt nach Karlsruhe mit umjubelten Bahnhofskonzerten. Bei Auftritten in Saarbrücken hinter der Bühne und natürlich oft in den SR-Radio-Studios. Immer konnte ich fragen, was ich wollte und bekam stets eine ehrliche und ausführlich Antwort, das, obwohl oder gerade, weil die Interviewdichte bei W.N. wie er in der Szene genannt wird, schon immer enorm hoch war. Zudem wurde bei einer Senderreise anlässlich eines neuen Albums dem Künstler von nahezu jedem Interviewer der gleiche Fragenkatalog vorlegt. Nach einem einstündigen Gespräch bekam ich denn schließlich in den 90ern Wolfgangs Ritterschlag: "Jlöckwunsch, eine Frare war neu!"

Einige Ausgaben der Abi-Zeitung fand ich irgendwann nach einem Umzug wieder. So bekam beim nächsten Treffen schließlich auch der Grußwortschreiber sein Belegexemplar.
Er hat sich natürlich gefreut. Und da Wolfgang nach eigenen Aussagen fast nichts wegwerfen kann, versprach er, es in die Tourkiste '86 zu seinen anderen Andenken zu packen. Unsere Abi-Zeitung dort zu wissen, macht mich ein bisschen stolz.

Diese erste Begegnung ist über 25 Jahre her und ich habe zu seinem 60. Geburtstag mit Wolfgang Niedecken das kleine aber für mich wichtige Silberjubiläum begangen.

Die Vorstellung, dereinst auch das 50. Interviewjahr zu feiern, gefällt mir gut: Ich wäre dann 69 und würde vielleicht für solche Gespräche bisweilen noch gefragt. Wolfgang ist dann 85 und im selben Alter wie heute Charles Aznavour, Tony Bennett oder Andy Williams. Die muss man auch noch nicht auf die Bühne tragen.

Cliff Richard –
Lyoner für den Sir

Leider sind die Zeiten vorbei, in denen die Weltstars ihre großen Hits in verschiedenen Sprachen aufnehmen. Johnny Cash war hierzulande früher mit „Wer kennt den Weg" zu hören, wenn sonstwo ‚I walk the line' aus den Radios dudelte. Olivia Newton-John las im Studio ab, das es „ein Fluss" war, „der Ohio heißt" ohne das Wort ‚Banks' für die deutsche Version zu benutzen. So ließe sich die Liste endlos fortführen.

Cliff Richard hat das genauso gemacht, musste ‚for Tschörmany' ‚die Frage aller Fragen' stellen und forderte dazu auf ‚rote Lippen' zu küssen, denn dafür seien sie da. Sir Cliff hat nie verstanden, was er da singt. Man schrieb ihm alles in Lautschrift aufs Textblatt, er schlug sich

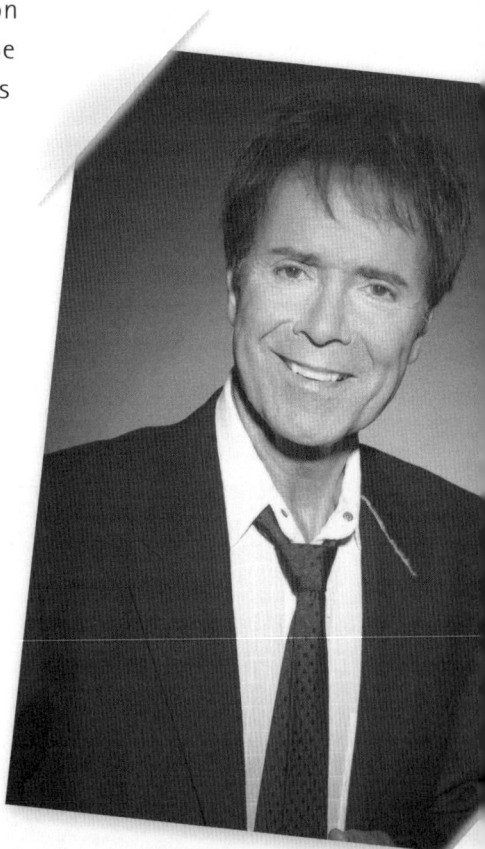

wacker mit den deutschen Lauten, indem er seltsam-sinn-freie englische intonierte.

Das müsste doch eigentlich auch auf saarländisch funktionieren, dachten wir uns am Vorabend eines Studiobesuchs der ‚Queen Mum der Popmusik' in den Saarbrücker Studios. Zwei Gläser Riesling später und nach dem Durchschütteln von Richard-Hits und typisch saarländischen Vokabeln war eine klasse Mundartversion fertig.

Aus ‚lucky lipps are always kissen' bzw. dem berühmten ‚rote Lippen soll man küssen' wurde ein ‚Gudd Lyoner musche esse'. Diese Titelzeile und ein wenig tiefgründiger Hasentext (war das Original überhaupt besser?) waren schnell zusammengereimt. Aber wie sollte es Sir Cliff verständlich über die Lippen bringen? ‚Gudd' und ‚good' waren ein ebenso simpler wie klanggleicher Anfang. Doch wie die beliebt geringte Fleischwurst für den Engländer notieren ...?
Lee-Owner! Wie der Kung-Fu-Star und Besitzer, das passte!

Mit einer Textvorlage in fetten Lettern erwarten wir tags drauf die Ankunft der britischen Pop-Legende. Würde er den Spaß mitmachen? Würde er wissen wollen, was ‚Lee-Owner' wirklich war und fände er alles vielleicht albern?
Schlank, braungebrannt, lächelnd und bester Laune betrat der Sir das Studio. Meine billige Westerngitarre aus Schülertagen stand bereit, falls der Künstler keine eigene mitgebracht hatte.

Es war wie so oft, wenn Musiker und Journalisten aufeinandertreffen, es galt wieder einmal das eherne Gesetz: je größer der Star, desto unkomplizierter seine Art. Die ganz Großen im Showgeschäft waren schon immer für jeden Quatsch zu haben. Mögen bis heute die Casting-Show-Sieger und Newcomer rumzicken und sich zieren. Spätestens ab dem zwanzigsten Nummer-Eins-Hit ist man locker.

Schwupps schnappte sich Cliff Richard meine Gitarre, stimmte kurz durch und legte los. Zwei kleine Aussprachetests und er gab ‚Lucky Lipps‘ auf saarländisch, als habe er nie etwas anderes gesungen.

Wir haben ihm dann zum Abschied einen Ring ‚Lee-Owner‘-Fleischwurst geschenkt. Auch als Vegetarier hat er sich artig bedankt und verließ freundlich lächelnd den Halberg.

Meine Western-Gitarre hat wenige Jahre später bei einer Benefiz-Auktion einen sehr guten Preis erzielt. Denn wie sang schon Udo Lindenberg: „bei jedem Händler gab's für 120 Mark, die Originalgitarre von Cliff Richard!" und die hier war es ja nun wirklich!

Johann Lafer – kalorienfrei und Spaß dabei

Die meisten Gäste in den Radiostudios waren und sind Musiker und Sänger. Das obligatorische Mitbringsel für den Moderator liegt da auf der Hand: die neue CD, logisch.

Vielleicht ein Exemplar der aktuellen Künstler-Autobiographie, darüber hinaus höchstens ein Gimmick mit dem Band-Logo oder dem Albumcover. Nichts Wertvolles, vielleicht ein USB-Stick, eine Handysocke oder eine Frisebeescheibe.

In grauen Urzeiten waren die Geschenke der Plattenfimen noch üppig. Ich selbst hatte davon nur noch wenig mit- und abbekommen. Harold Faltermeyer, der Münchener Filmkomponist und Hitparadenstürmer mit dem für Eddy Murphy tänzelnden Synthesizer Thema ‚Axel F.', kam zum Interview nach Saarbrücken. Er hatte die Musik für das bildgewaltiges Ski-Spektakel ‚Fire, Ice and Dynamite' vorgelegt. Die Kamera war damals wie auch schon bei den James Bond Filmstunts mit Roger Moore im Eiskanal von Willi Bogner geführt worden. Als Designer von Sportbekleidung lieferte der gleich das Film-Merchandising. Mit einem grauen Bogner-Sweatshirt und dem passenden Aufdruck präsentierte Faltermeyer einen Pullover, der auch nach unzähligen Waschgängen noch formschön und farbkräftig blieb. Mehr war nicht, nie!

Dermaßen auf eher kleine Werbegeschenke eingestimmt, hoffte ich eines Tages dennoch insgeheim und still. Beim Besuch eines bekannten Fernseh- und Sternekoch würde jener eventuell eine Edelstahlplatte voll leckerer Häppchen, Canapés, Fingerfood, Garnelenspieße, Käsebällchen dabei haben? Johann Lafer kam erst knapp vor der Sendung ins Studio. Am Abend sollten er und sein Team in der Saarlandhalle für ein exklusives und zahlungsfähiges Publikum anlässlich der Musikfestspiele Saar das Konzert der Wiener Philharmoniker genussvoll und mehrgängig einleiten. Lafer kam mit Hemd und Sakko, allerdings ohne Schürze und auch ohne Häppchen. Das Menü am Abend war die Herausforderung des Tages, denn um 200 Menschen gleichzeitig zu servieren war ein perfektes Timung gefragt. Weiter musste dies alles außerhalb des vertrauten Küchenumfeldes in einer Halle funktionieren.

Doch Lafer war entspannt und gelassen, wenngleich er schon genauso quirlig und hibbelig wirkte wie in seinen Koch-Sendungen. Interessiert und verbindlich ließ er sich die Zutaten der folgen zwei Gesprächsrunden vorlegen, wollte wissen was es zu besprechen gäbe. Er sortierte im Geist schon mal vor und glich Interviewrezepte ab. Die zu dieser Zeit grassierende EHEC-Hysterie, die nun sogar Pflanzennahrung in die Gefahrenzone gebracht hatte, ließ auch den Star-Koch nicht kalt. Ja, das könnten wir gerne besprechen, man müsse halt endlich begreifen, dass Lebensmittel ihren Preis haben müssten. Die Herstellung koste Geld und wenn der Kostendruck von Kunden und Händlern weiter erhöht werde, würden eben immer noch größere Schweinereien angestellt, auch mit Obst und Gemüse.

Der Österreicher, der immer so lustig vom ‚Dopf' sprach war bei Rotlicht ebenso wie im Vorgespräch. Er schwärmte von den frischen Tiroler Zutaten, mit denen es ihm eine Ehre sei, das Klassik-Konzert kulinarisch zu begleiten. Er selbst sei Philharmoniker-Fan und müsse sich trotz seiner Prominenz, wie jeder andere auch, um Karten für einen Auftritt bemühen. Seine Freude an der Sache war auch ohne sicht- und riechbar dampfende Speisen und karamellisierte Süßigkeiten im Radio ansteckend. Lafer lebte seine Kochleidenschaft und konnte die Begeisterung für gute Küche übertragen.
Die Bindung zwischen Gast und Frager stimmte wie bei einer guten Sauce. Ich konnte etwas Schärfe zugeben:
„Über die Berufsgruppe der Köche sagt man, sie habe die geringste Lebenserwartung: Stress, Hektik, Hitze, Zeitdruck, das zehrt. Ein Koch zählt zu den Schwerstarbeitern

und wird laut Versicherung mit geringer Lebenserwartung gelistet. 55 Jahre im Durchschnitt. Sie werden 54, na Bravo!"

Er lachte, „da hab ich ja nur noch anderthalb Jahre?!" Nein er gehe bewusst mit seiner Zeit um, genieße, was er tue und schaffe sich auch Freiräume. Ob im Fernsehen, ob in seiner Stromburg, als Gastdozent oder Bücherautor, das würde ihm auch mit einer 90-Stunden-Woche ungeheuer Spaß machen.

Um eine beliebte Radioaktion von Lafer beneidete ich die Kollegen vom Südwestrundfunk sehr. Ich gestand ihm meine Bewunderung für diese tolle Idee. Nämlich: in Echtzeit über mehrere Stunden in einer Radiosendung mit den Hörern zu Grillen. Zutatenlisten und Rezepte gab es jeweils vorab im Internet und dann konnte man mit Expertenrat am Radio von daheim aus mit Freunden dabei sein. Das Sendegebiet wurde kollektiv in Rauch gehüllt und man war eine fröhliche Grillgemeinschaft über Landkreise und Fähigkeiten am Rost hinweg. So etwas nicht auch im Land der Schwenker zu haben war schade. Lafer freute sich über das Lob, die Bayern hätten an seiner Idee kein Interesse gehabt, man habe nicht geglaubt, dass diese Sendeform Glut entfachen könnte. Jetzt sei es quasi Kult, er habe es immer gewusst.

Das Gespräch verging so schnell wie Gemüse im Wok gart und der Jo'hans Dampf aus der Küche musste ebenso schnell wieder fort, wie er gekommen war. Im Gehen forderte er schnell noch meine Visitenkarte: „Ge'msma die Adresse ich schick eana ein Buch!" Der Tausch von Kärtchen hatte bisher noch in den seltensten Fällen Folgen gehabt. Man bekam zu viele, man verlor sie und musste später dann doch noch mal das Internet bemühen.

Keine zwei Wochen später allerdings lag ein schweres Päckchen auf meinem Schreibtisch. Drinnen ein dicker Lafer, genaugenommen der ‚Große Lafer – die Kunst der einfachen Küche'. Ein gewichtiger Bildband mit Klassikern, zuerst in der bekannten Zubereitungsart und schließlich vom Meister variiert.

Neben den Buletten wie bei Muttern, folgten die aus Lachs oder Lamm, mit speziellen Würz- und Kräutertipps. Das Werk war keineswegs vom Büro des Meisters formlos übersandt worden. Mit persönlicher handgeschriebener Widmung bedankte sich der fröhliche Koch für das nette Interview und wünschte mir viel Spaß beim Ausprobieren. Er hatte mich also nicht vergessen und die Karte nicht in seiner Sakkotasche versenkt. Ich fand seine E-Mail-Adresse und freute mich:

„Lieber Johann Lafer. Herzlichen Dank für das tolle Buch. Es kam heute an. Von ihren Kollegen gerne mal als Dosenkoch bewitzelt und mancher Tütchen nebst Würzmischung oft nicht abgeneigt, wage ich mich jetzt wieder mal ans 100%-ige selber machen, Kürbis und Kokos klingen ebenso lecker wie die nicht alltäglichen Frikadellen. Danke und hoffentlich auf bald zu einem weiteren munteren Interview. Liebe Grüße und eine gute Zeit Ihr Christian Job"

Und wenige Tage später kam die persönliche Antwort des Maitre. Auch dafür nahm er sich Zeit in seinem dichten Termin-Kalender

„Gern geschehen, dann ist es ja so was wie ‚Entwicklungshilfe'. Vielen Dank für alles und liebe Grüße, hoffentlich bis bald! Johann Lafer."

Gunter Gabriel – die ehrliche Haut mit zerzauster Frisur

Wenn Künstlerinterviews wie private Plaudereien an der Theke rüber kamen, dann hatte ich es geschafft. Das Gegenüber dachte nicht mehr daran, wer aus seinem gerade geäußerten Statement eine Schlagzeile machen könnte und welche Geschichte man ihm irgendwann medienwirksam um die Ohren hauen würde. Wenn das Gesagte in dem Moment ehrlich und ungefiltert ins Mikrofon floss, dann konnte man den Star so erleben wie er war und nicht gekünstelt. Das war perfekt und gelang natürlich nicht immer. Ein mancher kam aus seiner Rolle nie heraus. Da strahlte es immer, wenn man öffentlich wurde und viele blieben immer unter ihrer Fassade, besonders wenn das Rotlicht leuchtete.

Einen gab es, den die Kamera nie kümmerte, der ins Mikrofon immer sofort sagte, was ihm eben durch den Kopf ging und bei dem man nie einen Unterschied zwischen Vorgespräch und On Air bemerken konnte – Gunter Gabriel.

Weil der Gunter immer so war, wie er war und sich niemals verstellte, erlebte ich mit ihm auch keine Geschichte, die ihn an dieser Stelle spektakulär hinter den Kulissen präsentieren könnte. Aber bei jeder Begegnung spürte ich die Kraft dieses Berges von einem Mann mit geballter Wucht und Lebensfreude.

Bei Gunter Gabriel brauchte man, was die trüben Tage in seinem Leben anbelangte, nie bohren und sich hintenrum durch fragen: „Als Vater habe ich total versagt, ich war kein Vater für meine Kinder, da war ich nur Spritzpistole!" deutlicher konnte ein Statement über seine wilde Zeit und die jungen Jahre nicht ausfallen. Dass Gabriel Millionen Schulden gedrückt hatten war bekannt. Aber er war immer ein Stehaufmännchen gewesen, hielt irgendwann in einer Talkshow seine Handynummer auf einen Zettel gekritzelt in die Kamera und versprach für 1000-Euro-Gage auf jedem runden Geburtstag und bei jeder privaten Firmenfeier zu spielen, bis er aus den roten Zahlen raus sein würde. Das imponierte den Menschen und auch seinen Fans und brachte ihm viele Auftritte. Dermaßen Nahkampf-erprobt spielte der Gabriel überall und zu jeder Zeit. Hatte er für seine Westerngitarre kein Plektrum parat, nahm er die Scheckkarte, von der man später annehmen konnte, dass er damit auch wieder einkaufen konnte.

Ein Auftritt mit Gunter bei der SR 3 Sommeralm musste im Sturm und Regen mittendrin abgebrochen werden. Pitschenass und in Jogginghose nahm er seine Fans mit in die Kneipe und sang am Tresen und vor proppevollem Haus vom Dreißigtonnerdiesel und forderte vom Boss Gehaltserhöhung.
Der liebenswerte Haudegen hatte natürlich Spaß an der Showpose und blieb keine Antwort schuldig. Seine Lebensbeichte war mit vielen Fotos in einem dicken Buch erschienen: ‚Wer einmal tief im Keller saß' erzählte vom Leben ohne festen Wohnsitz, von seinen Hitparadenmillionen und wie er sie durchbrachte.

Aber auch als kesses Großmaul mit wildem Haar, Plauze und ausgebeulten Jeans schätze er die unaufdringliche Frage. Die Bitte nach einem Detail aus seinem bewegten Leben zurückhaltend und höflich vorgetragen zu bekommen tat ihm gut. Er konnte nur so mit Kraftausdrücken um sich werfen und ein Arsch sein, aber er brauchte nicht wie einer behandelt werden. Nach der Aufzeichnung unseren Gesprächs kramte er zum Abschied aus dem Kofferraum ein Exemplar seines Buch, riss die Folie ab und signierte es mir mit einem knappen ‚Danke fürs Fragen'.

Dass Gunter eine ehrliche Haut war und ein gradliniger Zeitgenosse, das ging bisweilen in seiner Wortwahl unter. Um zu erkennen, dass er ein toleranter, offener und auch warmherziger Typ war, musste man genauer hinhören. Das Interview mit der Spitzpistole wurde ausgestrahlt und

enthielt reichlich Scheiße und Hinterteile, ‚Leck-mich-Statements' und Sachen für die man Gunter mal konnte. Ich bekam eine E-Mail von einem alten Weggefährten. Kinderliedermacher Dennis W. Ebert hatte ein Problem: Er würde jetzt seit Jahrzehnten mit großem Engagement und auch Überzeugung versuchen, den Kindern klar zu machen, all diese Worte nicht in den Mund zu nehmen. Genau das habe er im Autoradio von diesem ‚Assi' Gabriel ertragen müssen. Wie solle man den Kleinen klar machen, sich gepflegt verständig zu machen, wenn so einer wie Gunter G. alles wieder ‚mit dem Arsch einreiße'.

Ebert gab allerdings zu, in der Hektik nur halb und mit einer Muschel zugehört zu haben. Also verwies ich ihn mit lieben Grüßen auf das Podcast-Angebot im Internet, wo er allem noch einmal konzentriert lauschen könnte. Da wäre von gegenseitigem Respekt die Rede, von handgemachter Musik, von Fehlern die jeder im Leben mache und der Notwendigkeit, immer wieder aufzustehen, auch wenn es noch so weh täte. Und davon, was einen guten Papa ausmache. Gunter würde zudem die traurige Geschichte eines Jungen erzählen, der von seinem eigenen Vater nie ein liebevolles Wort gehört hatte, und der sich mit schönen Reden deshalb auch jedes Mal schwer tat. Der zeitlebens angeeckt sei, aber es immer wieder versuche. Das seien Lebenserinnerungen, die anrührten und nachvollziehbar wären, versprach mit meinem Hörer-Kamerad.

Ebert hörte sich alles in Ruhe erneut an, gab mir dann recht, aber ohne damit gleich ein Freund von Kraftausdrücken zu werden.

Proll sein, war das Markenzeichen des großen Hausbootbewohners aus Hamburg. Er wollte sich gar nicht gepflegter ausdrücken, hatte Spaß daran den Hinterhof-Bewohner zu geben.

Beim nächsten Besuch sprach Gunter davon, dass sich im Alter das Testosteron im Mann deutlich verringere. Dafür hätte man mehr Östrogen und er bekäme jetzt einen Busen. Neulich habe er die singende schöne TV-Moderatorin Ina Müller live erlebt, und die habe ihm zugerufen, ‚Gunter du hast ja eine schöne Brust bekommen?' Darauf habe er ihr ohne Scheu sofort an den Busen gelangt und bemerkt, „du aber auch Ina!" Weil Gabriel fand, dass dies eine schöne Geschichte war, wurde die Pose auch im Erinnerungsfoto festgehalten.

Joachim Fuchsberger –
der grantelnde Blacky

Chris Howland sah das Buch in meinem kleinen Dienstreiserucksack: „Denn erstens kommt es anders ..." Er lächelte: „well, der Blacky! Wir haben neulich zusammen gespielt in die WIXXER, hat der auch ein Buch geschrieben?" Und was für eines: Fuchsbergers Lebenserinnerungen beschrieben einen Menschen der in vielen Berufen Erfolg hatte und der nicht wenige ganz schreckliche Dinge erleben musste. Ob als Flakhelfer im Krieg beim Feuersturm auf Düsseldorf, oder als Stadionsprecher bei den terrorgebeutelten Olympischen Spielen 1972 in München. Fuchsberger war hautnah dabei gewesen. Auch mit weit über 80 Jahren war er ein wacher Geist und scharfer Analytiker der Medienszene. Ich erzählte Chris Howland davon, dass ich auch Fuchsberger gerne zum Interview treffen wollte. Der freundliche Engländer trug mir herzliche Grüße auf, falls es klappen sollte.

Einen direkten Kontakt zu einem Prominenten wollte ich immer lieber per Brief herstellen. Denn auch wenn im Adressenarchiv der Redaktion aus vielen Jahrzehnten manche Geheimnummer verwahrt wurde, so fand ich es unangemessen, bei den Großen der Szene einfach mal durchzuklingeln. Von Fuchsbergers wusste ich, dass man den zweiten Wohnsitz in Australien aufgegeben hatte. Blacky kokettierte mit seinen kaputten Beinvenen und den zig By-

77

pässen und hatte einen Arzt ‚down under' mit den Worten zitiert, man habe da unten für ihn keine Ersatzteile mehr. Also sollte er seinen Briefkasten in München Grünwald wohl regelmäßig lehren. Ich schrieb:

Lieber Herr Fuchsberger,
hoffentlich ist die Adresse in unserem Archiv noch aktuell und diese Zeilen erreichen Sie persönlich. Ich würde Sie nämlich auf diesem Weg gerne für ein ausführliches Radio-Interview gewinnen. Als Fragensteller für SR 3 Saarlandwelle habe ich an Feiertagen die Sendereihe ‚Gästebuch', wo in zwei Stunden mit einem bunten Musikprogramm in 10 bis 12 jeweils drei bis vier Minuten langen Takes Zeit ist, über Gott und die Welt und Ihr Leben zu reden und wo natürlich auch Gelegenheit ist, viele schöne, lustige und auch nachdenkliche Anekdoten zu erzählen. Unser SR3-Programm wird dieses Jahr 30 Jahre alt, und so sollen als Motto die Gäste mindestens ebenso lange aktiv sein. Sie passen also zweimal ins Raster. Ja, und ich nutze deshalb gerne die Möglichkeit und auch das Privileg aus, jenseits aktueller Anlässe die ‚Helden meiner Kindheit' kennen zu lernen. Sie gehören zu meinem Buben-Samstagabend mit 10 Jahren auf der Couch inkl. Chips und Orangensaft ebenso wie ich immer noch gerne ‚Das Fliegende Klassenzimmer' schaue. Von den vielen Versionen die es gibt, war die mit Ihnen diejenige, die ich in der 7. Klasse in Freistunden in der Schulbibliothek immer begeistert geschaut habe. Und wenn ich heute alte Folgen von ‚Heut' Abend' sehe, fasziniert mich, wie Sie Ihren Gästen auch Sachen entlockt

haben, die die sonst nicht überall erzählt haben.
Deshalb? Darf ich einmal Sie be- und ausfragen?
Das wäre toll! Wir brauchten dazu etwa eine Stunde
Zeit und ein Hörfunkstudio. Ich könnte an einem
Tag, vielleicht am frühen Nachmittag, beim BR eine
Studiozeit buchen und mich dort mit Ihnen treffen?
Darf ich Sie zum Überreden oder besser Termin ver-
abreden anrufen? Ich würde mich freuen, wenn Sie
Lust hätten. Gerade vergangene Woche habe ich mit
Chris Howland eine Sendung produziert, die dem-
nächst läuft und die auch ihm Spaß gemacht hat.
Zum Reinhören habe ich die CD beigelegt.
Liebe Grüße aus Saarbrücken. Christian Job

Es dauerte einige Woche, ich bekam keine Antwort aus
München. Doch eines Tages hörte ich morgens Gundel
Fuchsberger auf meiner Mailbox. Sie bedankte sich für den
Brief, ein Interview müsste wohl möglich sein, aber man
sei gerade aus Australien zurückgekehrt (also doch noch!)
und jetzt gäbe es einige Termine. Ich solle doch den Sommer im Hinterkopf behalten.

Wieder einige Wochen später wurde der Redaktion Fuchsberger für ein Telefoninterview angeboten. Er war Pate der
Feierlichkeiten zum 50. Bestehen der ARD und als prominenter Gast zu kurzen Talks bereit. Herrlich griffige Anekdoten
gab er zum Besten, z.B. dass er wegen der gemeinsamen Edgar Wallace-Zeiten nahezu der einzige Showmaster war, der
mit ,enfant terrible' Klaus Kinski allezeit klargekommen war.
Er habe ihm immer alles sagen dürfen und einst in London
sogar mal wie bei einem Lausbuben Schläge angedroht, falls
er im Restaurant weiter mit dem Essen werfe.

Ich wartete das Interview der Kollegin in der Regie ab und wollte danach in meiner Sache kurz mit Blacky telefonieren. Aber offenbar hatte er einen schlechten Tag. „Wieso Interview?" grantelte er, „und ohne Honorar? Sie wollen eine Antiquität kaufen, und nix dafür bezahlen!" Die alten Leute müssten schauen, wo sie blieben, erklärte er griesgrämig. Ich solle mit meinem Chef reden, ohne Kohle kein Gespräch!

Immerhin bekam ich jetzt für den schnellen Kontakt Fuchsbergers E-Mail-Adresse. Dass es für die Interviewsendung keinen Etat gab, wusste ich auch ohne Rücksprache, und einen kleinen vierstelligen Betrag schon gar nicht. Also nahm ich meinen gesamten Formuliercharme zusammen und probierte es noch einmal. Vielleicht würde er am Tag danach ja milder gestimmt sein. Ich nannte ihn einen der letzten Zeitzeugen, die noch aus eigenem Erleben über die schlimme NS-Zeit berichten könnten. Und er sei da ja besonders, weil er als junger Bub den Krieg durchlitten habe und wenige Jahre später mit der Weltkriegs-Trilogie 08/15 seinen Erfolg als Schauspieler begründet hätte. Wenn *er* mir das Leid von damals und wie man damit fertig werden konnte nicht erklären könne, wer dann? Und schließlich lebten wir doch in einer sich immer schneller drehenden Welt. Man könne im Showgeschäft keine echten Stars mehr ausmachen. Und müsse sich an die alten Helden halten. Als ein solcher solle er auf sich aufpassen und habe vielleicht auch ohne monetären Vorteil Lust auf ein Radio-Gespräch, wo immer er wolle. Ich brauchte für das Aufnahmegerät lediglich Strom.

Klick. Weg war die Mail direkt in Blackys PC. Lange dauerte die Antwort nicht ...

Lieber Christian Job, da bricht einem ja fast das
Herz. Eine Steckdose ließe sich wohl noch finden,
aber mit der Zeit sieht es nicht gut aus. Am 05.05.
sehe ich einer Operation entgegen, bei der keiner
sagen kann, wie lang die "Nachwehen" dauern wer-
den. Geduld ist angesagt. Bis später vielleicht ...
Beste Grüße aus Grünwald Joachim Fuchsberger

Wie sich später herausstellte, war es ein Hauttumor im
Gesicht, der offenbar von zuviel Sonne in Australien her-
rührte.
Kurz darauf waren die Fuchsbergers mit dem wohl größten
Trauerfall ihres Lebens in den Schlagzeilen. Sohn Thomy er-
trank nach einem Diabetes-Schock in einem Bach. Furchtbar.
Es gab zu viele Fotos der gramgebeugten alten Leute und ich
wollte den greisen TV-Helden in dieser Phase nicht mit meinem Radio-Interview nerven. Ich gab das Projekt dran.

Aber auch diesmal stand der Show-Mann wieder auf und
veröffentlichte ein halbes Jahr nach dem tragischen Tod
seines Sohnes ein neues Buch. Eines, das davon erzählte,
wie man mit Anstand älter wurde, und das aufforderte,
niemals aufzugeben und liegen zu bleiben, was auch immer passiere. „Altwerden ist nichts für Feiglinge", hieß der
wieder einmal Besteller, den Blacky in einigen Talkshows
präsentierte. Ich wollte auch kein Feigling sein:

Lieber Herr Fuchsberger,
seit letztem April, als wir schon mal Mail- und Tele-
fonkontakt hatten ist viel Zeit vergangen und viel ge-
schrieben und gesendet worden. Ich wollte Sie nach
dem Tod ihres Sohnes und den vielen Bildern und Ar-

tikeln und gerade als sie wieder ihre Ruhe hatten nicht mit meinem Radio Interview nerven. Jetzt habe ich Sie aber bei ,Maischberger' gesehen und anschließend ihr neues Buch gelesen. Ich sah Sie wie ehedem engagiert erzählen, höre, dass der Kontakt zu jungen Leuten sie interessiert und da möchte ich es mit meinen 44 noch mal wagen. Ich würde wie im Buch zu recht bemängelt auch fragen, wie es Ihnen geht, aber mich für die Antwort auch interessieren? Hätten sie vielleicht demnächst Lust auf ein Interview, das ich zu einer Zwei-Stunden-Sendung mit Musik (ihrer selbst getexteten und auch sonst Lieblingsmusik) zusammenstelle? Nach wie vor wäre ein BR-Studio klanglich am besten und wo Sie schreiben, dass Sie Autofahren, solange Sie ein Pedal treten können, wollte ich diese Option doch noch mal vorbringen. Denn diesmal gäbe es wenigstens auch einen Promo-Effekt für das Buch. Wir trailern jede Gästebuch-Sendung anständig an, haben Internet- und Printhinweise, so dass man sagen kann, im Saarland kriegt das jeder mit. Wenn sie Lust hätten, ich bin relativ flexibel und brauchte nur wenig Zeit einen roten Faden fürs Gespräch vorzubereiten, für eine Dienst-Fahrkarte nach München und ggf. eine Studiodispo. Liebe Grüße aus Saarbrücken, alles Gute und ich würde mich freuen, wenn es klappt. Christian Job

Seine Mail kam schon Tags darauf. Fuchsberger sah in seiner knappen und zweizeiligen Antwort ,derzeit keine Möglichkeit', meinem Wunsch zu entsprechen.
Vielleicht würde ich ihn doch eines Tages auf dem richtigen Fuß erwischen und dürfte ihn persönlich kennenlernen?

Frank Thomas und Ollie Johnston – zwei Genies hinter Walt Disney

Wer mich nur aus Höflichkeit zum Thema Disney befragt muss aufpassen. Ich neige zum Dozieren und es könnte lange Dauern und ausufern. Ja, ich bin ein glühender Micky-Maus-Fan. Dabei geht es nicht um die Comik-Hefte, sondern um bewegte Bilder. Der kleine altkluge Saubermann in Handschuhen ist nicht primär Objekt meiner Verehrung, sondern steht eher als Synonym für die bunte Welt, die Walt Disney, der kettenrauchend graumelierte Gentleman mit Schnurrbart erschaffen ließ, und die noch heute hell strahlt und größer und größer wird.

Wie bei den meisten Menschen auf diesem Planeten begann auch meine Disney-Sozialisation sehr früh. Ich habe denselben Jahrgang wie ‚Das Dschungelbuch'. Die Hörspielplatte davon bekam ich wohl so mit drei Jahren. Ich kann heute noch nahezu alles auswendig und die schwarze Scheibe ist so zerkratzt, dass man sie nicht mehr hören kann (Ersatz habe ich mir auf dem Sammlermarkt besorgt, die nächste Generation hört die Originalausgabe von damals nun auf CD oder dem MP3-Player)

Zum ersten Mal alleine ins Kino durfte ich mit zehn und es waren die Abenteuer von ‚Bernard und Bianca', die mich fesselten und für große Augen sorgten. Der tapsige Albatros Orville, die böse Madame Medusa und ihre zwei fetten

Krokodile und die kleine Penny, die im Waisenhaus den alten Kater Rufus zum Freund hatte, das war und ist für mich ganz großes Kino.

Später besaß ich (Gott sei Dank verjährt – ätsch) eine der ersten Piraten-VHS von Baghira und King Louis und nannte meinen Lieblingsfilm noch lange vor dem ersten offiziellen Video fürs Heimkino mein geklautes Eigen. Seitdem kann ich auch alle Bewegungen synchron mitspielen.

Die Zeichner dieser nicht nur für mich prägenden frühen Kinoerlebnisse blieben Zeit ihres Lebens im Hintergrund. Walt Disney war das Label und man nahm in Kauf, ja förderte sogar den Glauben, dass der gute Onkel Walt das alles alleine und selbst gezeichnet und sich ausgedacht hat-

te. Natürlich las man die Namen der Animatoren im Vorspann, aber wer schaut da schon genau hin.

Der Fan weiß natürlich um diese ‚Neun alten Männer' wie sie genannt wurden und kann einzelne Charaktere und Szenen den verschiedenen Künstlern zuordnen.

Schaut man in die Zeichentrickgeschichte, so sind Frank Thomas und Ollie Johnston zwei dieser Männer, die mit dem Bleistift zeitlose und legendäre Kinomomente gezaubert haben. Trickfilm-Genies!

Rutscht Bambi übers Eis, spielt Kapitän Hook mit der Hakenhand Klavier oder küssen sich Susi und Strolch beim Spaghettischlürfen, dann sind dies alles Frank-Thomas-Szenen.

Ollie Johnston war ebenso genial. Er brachte Balu zum Tanzen, schmiegte sich als Straßenkater Thomas O'Maley an Duchesse oder karikierte sich selbst als Rufus, die Katze im Waisenhaus bei Bernard und Bianca. ‚Frankanollie' wie die beiden oft in einem Atemzug genannt wurden, lebten außerhalb von L.A. mit ihren Familien als Nachbarn zeitlebens direkt nebeneinander. Und sie waren selbst im hohen Alter noch im Internet aktiv. Dort fand ich eines Tages ihre Homepage und sah im Impressum den Button ‚contact'! Sollte das wirklich eine Möglichkeit sein, meinen größten Helden des Kinos persönlich zu schreiben und würde ich vielleicht Antwort bekommen? Für mich würde ein Austausch mit Frank und/oder Ollie so sein, wie wenn andere Film-Fans John Wayne, die Monroe oder Orson Welles persönlich hätten erleben können. Ich tat, was ich noch nie vorher gemacht hatte, ich schrieb per E-Mail einen langen Fan-Brief: erzählte von meiner Zeichentrickbegeisterung, der Piraten-VHS, und dass ich quasi mit dem ,Dschungelbuch' sprechen gelernt hatte. Ich huldigte von ganzem Herzen. Wie ungerecht es doch sei, dass Stars wie Brat Pitt oder Julia Roberts Millionen verdienten und bejubelt würden, während meine beiden Helden nur in der Trickfilme-Szene bekannt wären. Müssten sie die Emotionen und Bewegungen nicht nur mit dem eigenen Körper darstellen, sondern überdies fähig sein, das alles aufgedröselt auf 24 Bilder pro Sekunde mit dem Bleistift zu zeichnen. Ich war in Fahrt und wünschte meinen stillen Stars im Namen aller Fans in Germany eine gute Zeit und bekräftigte, dass ihre Kunst zeitlos sei. Dass auch Kinder heutzutage beim Gucken ihrer Zeichentrickfilme an denselben Stellen lachten oder bangten wie ich seinerzeit oder wie Opa damals bei Pinocchio.

Sollte ich das alles wegschicken? Immer wieder las ich Korrektur, verbesserte, schrieb um und hing dann noch ein Foto von mir mit einer Balu-Film-Folie aus dem Dschungelbuch an. Die hatte ich mal teuer bei einer Galerie gekauft, weil ich unbedingt ein Originalstück haben musste. Dann traute ich mich, klickte zum Postausgang, und weg!

Zwei Tage später hatte ich Antwort. Der Webmaster der Internetseite bedankte sich für die Nachricht und kündigte an, demnächst mit meinem Brief Frank und Ollie zu besuchen. Die beiden wären nämlich in einem Alter, in welchen sie nicht mehr selbst am PC säßen. Er, Mike, würde als Administrator der www-Aktivitäten das Technische für die beiden regeln.

War das nur der freundlich-fröhliche Formbrief mit dem Fanpost standardmäßig beantwortet würde? Wurscht! Ich war meine Hommage via homepage los geworden und wenn alles jetzt im digitalen Papierkorb war, dann wenigstens auf einem kalifornischen Rechner nahe meiner Idole. Fast hatte ich die Sache nach drei Wochen vergessen. Na, nicht wirklich, aber ich rechnete nicht mehr mit einer weiteren Nachricht von Mike. Da blinkte es eines Morgens in meinem Mailprogramm ...

> „Christian,
> I printed out and took your email up to frank and ollie today. I shared your pictures with them. Your kind comments left frank temporarily speechless. He finally said that if he was still giving talks and lectures, he would probably steel some of your com-

ment and praise. He is very impressed. Keep in touch, Mike Clark webmaster ..."

Frank Thomas wurde 94 Jahre alt und starb 2004, Ollie Johnston überlebte seinen Freund und Partner um vier Jahre und wurde 97.

Die neue Generation der Trickfilmer, die mittlerweile per Computer ihre Figuren zum Leben erweckt, verehren diese großen Vorbilder sehr und zollten ihnen zu Lebzeiten immer den verdienten Respekt. So sind Frank und Ollie am Schluß des Pixar-Films ‚Die Unglaublichen' als alte Herren zu sehen. In der Originalversion hört man sogar ihre eigenen Stimmen, wenn sie sich an ‚die alte Schule' erinnern.

Andreas Deja –
ein dschungelbuchbegeisterter Junge zeichnet Kinoklassiker

Das Dschungelbuch steht in der Hitliste meiner Lieblingsfilme ganz oben. Die ebenso heitere wie emotionale Geschichte um den Menschenjungen, der von Wölfen groß gezogen wurde und der einen Bär und einen Panther als beste Freunde um sich hatte, sie hat mich schwer beeindruckt. Als Orang Utan King Louis die Bananen aus der Schale in Mowglis Mund schoss, habe ich mich als Kind schlapp gelacht. Als Balu scheinbar tot auf dem regennassen Waldboden lag und Baghira vom großen Buch des Dschungels sprach, in dem man dereinst diesen tapferen Bären verewigen würde, musste ich als Erwachsener immer wieder die Augen trocken legen. Als der blaugraue Bär seinem Kumpel und Ziehsohn mit der knappen roten Hose sagen musste, dass er ihn zur Menschensiedlung zurückbringen müsste, und man sah, wie es den brummigen Koloss schier zerriss, diese bittere Wahrheit überbringen zu müssen, wie er unsicher und des Verrats am Freund bewusst an sich nestelte, sich den Nacken knetete und rumdrucksend seine Brust krallte, das war für mich als Kinofan immer schon ganz große Schauspielkunst mit dem Bleistift.

Es gab in Dinslaken einen anderen Jungen, den Balu und seine Freunde wie der Blitz getroffen hatten, und für den die Welt nach dem Dschungelbuch nicht mehr dieselbe war. Während ich immer noch keine drei Kreise so aneinander malen konnte, dass es annähernd so etwas wie eine Micky Maus Silhouette hätte darstellen können, da wurde der andere Junge, zehn Jahre älter als ich, einer der besten Disneyzeichner.

Andreas Dejas Geschichte hätte selbst den Stoff für einen Film hergegeben. Daheim in Dinslaken sah er die Geier, Shir Khan und das Elefantenbaby und wollte danach unbedingt Teil von Walt Disneys Truppe werden. Erst 11 Jahre alt und mit Hilfe seines Englischlehrers schrieb er einen Brief an die Disney Studios, Amerika. Die Bewerbung kam nicht nur an, binnen weniger Wochen erhielt er sogar eine Antwort. Der Tipp von den Profis lautete, Kunst zu studieren und ernsthaft zeichnen zu lernen. Deja war glücklich und ermutigt. Als Student nahm er wieder Kontakt nach Amerika auf und bekam irgendwann das Flugticket ins Zentrum der Micky Maus.

An unzähligen Welterfolgen hatte er mittlerweile mitgezeichnet. Deja entwarf u.a. Arielles Vater ,Triton', den bösen ,Scar' in König der Löwen, zeichnete ,Hercules' und für einige Filme auch die Micky Maus. Dabei genoss er es, immer im Hintergrund zu bleiben. Er lebte ein Hollywoodleben abseits des roten Teppichs, der Paparazzi und des Blitzlichtgewitters.

Natürlich hatte ich mir irgendwann die Zeichentrickfilme immer bis zum Ende des Abspanns angesehen. Ich wusste selbstverständlich um den Deutschen im Team der Disneyzeichner und verfolgte seine Arbeit mit großer Bewunderung. Man nannte in Villain-Master, weil er regelmäßig für die Bösewichte zuständig war. Mein großer Traum als Interviewer war es, einmal Andreas Deja zu treffen. Und irgendwann war der Dschungelbuch-Fan von einst als Promotion-Mann für den deutschen Markt vorgesehen und gleichzeitig hatte der Dschungelbuch-Verehrer vom Radio den richtigen Kontakt zur zuständigen Presseagentur, die die Termine koordinierte.

Natürlich war ich aufgeregt wie selten bei diesem Treffen in Berlin.

Dann kam er in Jeans und Pullover, lächelnd, freundlich und unkompliziert. Gleich nach dem Händeschütteln gestand ich ihm, dass ich mich auf diesen Augenblick schon 20 Jahre gefreut hatte. „Ach, dann freu ich mich jetzt auch", strahlte er aufrichtig zurück und schon galt es, die knappe Interview-Zeit zu nutzen. Es war wie ich gehofft hatte. Trotz eines Radiogesprächs wurden die bekannten Szenen bildlich erlebbar. Es gab große Kinomomente von

den Aristocats, Merlin und Mim, Lilo und Stitch, Simba und seinem bösen Löwenonkel Scar und vielen anderen Klassikern.

Die Ansage der deutschen Disneyabteilung vorab war eindeutig. Wenn überhaupt Zeit wäre, dass Deja zu Promozwecken eine Zeichnung anfertige, dann dürfte er nur etwas aus dem aktuellen Film, in diesem Fall ‚Küss den Frosch', zu Papier bringen, alles andere sei geschützt und verboten.
Ein Andenken an diese Begegnung, ein kleine Figur, nur ein paar angedeutete Striche unter ein Autogramm, das wäre die Krönung gewesen. An meiner Wand daheim hingen schon einige Originale anderer Zeichner, die ich via Internet aus den USA gekauft hatte. Es gab Fans, die für einen echten Deja locker mal 500 Dollar hinblätterten.
Tatsächlich waren am Ende des Interviews noch die dafür nötigen fünf Minuten übrig. Deja hatte sogar einen Block und einen Edding mitgebracht. Vielleicht würde es für einen kleinen Frosch reichen. Und dann fragte er mich: „Was soll ich zeichnen?"

„Äh, ja", die freie Auswahl überforderte mich so spontan ein wenig und mir gingen alle möglichen Charaktere durch den Kopf. Ich überlegte nicht lange, „egal, alle Figuren sind prima, was *Sie* wollen, ich halte es in Ehren!"

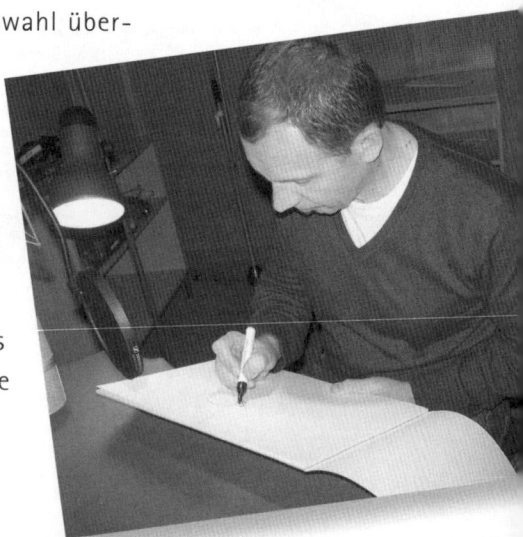

Schon ging es los, zwei kleine Punkte, schmale Augen, ein verschlagener Blick, dazu ein dünnes Bärtchen. ‚Jaffar‘, der böse Großwesir aus Aladdin, super, kein Frosch, einer von Dejas weltberühmten Bösewichten.

„Was bedeutet der Jaffar für Sie?", fragte ich.

„Na den hatte ich nach ‚Die Schöne und das Biest‘ und ‚Gaston‘ zu zeichnen. Der Bodybuilder ‚Gaston‘ war eher naturalistisch, hier konnte ich cartooniger arbeiten und das hat sehr viel Spaß gemacht."

Schon drängelte die Pressetante wieder. Auf dem Weg zum Auto erzählte ich noch schnell von meiner Sammlung und versprach, ihm Fotos zukommen zu lassen, wo denn der Jaffar seinen Platz in meiner Heimgalerie bekommen würde. Schon war Deja wieder im Stopp and Go Verkehr von Berlin verschwunden ...

Pressekontakte, wenn sie denn mal bestehen sind manchmal für eine Weile haltbar und fest. Kein halbes Jahr später durfte ich ein achtminütiges Telefoninterview über Bambi mit Andreas Deja führen. Ein weiteres Jahr danach war er der Zeichner von Tigger in einem neuen Winnie-Puuh-Abenteuer. Erneut war der Chefzeichner aus Dinslaken für Interviews in Deutschland bereit und diesmal trafen wir uns in Köln.

Fotos meiner Disneywand hatte ich parat. Dejas Großwesir hing neben einer ‚Cap‘-Zeichnung von Ollie Johnston. Den

Fuchs aus dem Tiermärchen vom gezähmten Wildtier und einem Jagdhund war die letzte Arbeit der Trickfilm-Legende vor dessen Rente, handsigniert auch von seinem Partner Frank Thomas. Diese Zeichnung hatte ich bei einer US-Galerie erworben. Deja sah, dass er neben den Männern hing, die seine Vorbilder waren, die er bis zu ihrem Tod regelmäßig besucht hatte und deren künstlerisches Gesamtwerk er sehr verehrte. Er lächelte. Das mache ‚ihn stolz‘, an so einer Stelle gerahmt zu hängen. Ich sei ‚noch viel stolzer‘, alte und aktuelle Meister zu besitzen, entgegnete ich.

Wieder hatte er Papierblock und Edding dabei. Aber ich würde mich diesmal nicht trauen zu fragen. Ich hatte mein wertvolles Andenken bereits, unverschämt wollte ich nicht sein. Und ich fragte für das Radio-Interview nach dem Tigger und wie er diese Mischung aus Plüschtier und Katze zu zeichnen hatte? Der Tigger habe von allem etwas, antwortet Deja. Er zückte ohne seine Rede zu unterbrechen den Stift und kritzelte drauf los.
Zehn Minuten später, das Interview war beendet, löste der Trickfilm-Held die Katzenzeichnung mit perfekten Lachen und korrekt gesetzten Tigerstreifen vom Block und reichte mir das Blatt über den Moderationstisch. „Bitte, eine kleine Erinnerung!" Er grinste, und ich auch. „Ich hätte mich nicht getraut zu fragen", gab ich zu, hatte aber vorgesorgt. Beim Zücken meiner mitgebrachten Kartonrolle zum Schutz des wertvollen Kunstwerks lachten wir beide.

Isabel Varell und Julia Neigel – positive Energie im Wohlfühlinterview

Interviews sind – und das mag eine Binsenweisheit sein – dazu da, dass Fragen beantwortet werden und Informationen auf direktem Weg zum Hörer, Zuschauer oder Leser gelangen. Der Interviewer möchte stellvertretend für alle etwas wissen, und der Gegenüber erklärt das angesprochene Themenfeld.

In diesem Zusammenhang gibt es Dinge, die der Künstler gerne verschweigen möchte, die aber dereinst für so große Schlagzeilen gesorgt haben, dass man es unbedingt ansprechen muss.

So war es für mich immer eine Herausforderung, die Interviewpartner mit der ‚ganzen Wahrheit‘ zu konfrontieren. Natürlich musste dies stets vorsichtig geschehen, ohne den Studiogast bloß zu stellen oder ihn zu verärgern und somit den Rest des Gesprächs unbrauchbar zu machen. Man durfte vergangene ‚Sündenfälle‘ der Prominenten also nicht einfach ignorieren. Dies hätte zu einem belanglosen ‚Heijopei‘ geführt, bei dem nur Plattitüden ausgetauscht worden wären. Also ‚musste‘ Udo Jürgens seine notorische Untreue erklären, Rainhard Fendrich die Kokain-Exzesse. Maffay und Niedecken sollten und hatten auch über ihren jahrelang übermäßigen Alkohol-Konsum berichtet.

Schwere Schicksalsschläge durften ebensowenig in einer Sendung ausgeklammert bleiben. Pe Werner erzählte offen vom Selbstmord ihres Vaters und Nik P. vom Tod seiner Mutter, als er erst zehn Jahre alt war. Das waren nicht selten sehr persönliche und spannende Momente, die zumindest kurz tief in die Seele des Künstlers blicken ließen. Wer nicht nur über seine neueste Musik schwadronieren, sondern auch über dunkle Phasen berichten konnte, der offenbarte sein Innerstes. Dies waren die aller spannendsten Momente. Dennoch waren bisweilen auch solche Auftritte gelungen und offen, bei denen ich in Sachen ‚auf den Zahn fühlen', die berühmten ‚fünfe' gerade sein ließ. Es waren Frauen, bei denen ich die ganz kniffligen Fragen letztendlich weg ließ. Mag sein, dass der weibliche Liebreiz oder das enorme Strahlen der Damen den Ausschlag gab.

Isabel Varell hatte eine neue CD produziert und kam im Rahmen der Senderreise live in meine Sendung. Brisante

Themen lagen reichlich in der Luft und auf der Hand. Einmal gab es offenbar ihren Hang zu älteren Männern. Isabel war mal mit Schlagerurgestein Drafi Deutscher verheiratet gewesen, der in der Szene nicht unbedingt als Frauenfreund galt. Mittlerweile war sie mit dem immerhin auch 13 Jahre älteren TV-Regisseur und Gelegenheitsmoderator Pit Weyrich zusammen.

Mit Hape Kerkeling war sie eine Zeit liiert, lange bevor der sein schwules ‚Coming Out' hatte. Es gab noch die Teilnahme am berüchtigten RTL-Dschungelcamp und Frau Varell hatte schon für den Playboy blank gezogen und ebenso ansehnlich wie künstlerisch ausgeleuchtet Haut gezeigt. Genug Stoff also für ein delikates Interview.

Das vorsichtige Anpirschen an das ein oder andere intime Detail hatte ich ebenso freundlich wie unverfänglich vorformuliert. Aber dann betrat eine Frau mit großen Augen und viel positiver Energie das Studio.

Sie hatte nicht dieses kühle Helene Fischer-Lächeln, das den Gegenüber auf Abstand hielt. Isabel vermittelte irgendwie das Gefühl, dass man sich schon ewig kannte. Sie freue sich sehr, gleich live erzählen zu können und fragte, worüber ich denn genau mit ihr reden wollte?

Ups! Das war die Fangfrage von der falschen Seite. Normalerweise besprach ich vorher nie, worüber es gleich gehen sollte. Denn wenn der prominente Gast, über die Gesprächsdetails ins Bild gesetzt, darum bitten würde, dies und jenes nicht anzusprechen, und ich es doch täte, dann könnte es Ärger geben. Lieber gleich in die Vollen gehen und schauen was passierte, so lief es nahezu immer prima.

Aber derart aufgefordert, die Karten auf den Tisch zu legen und dann mit diesem Lächeln? Ich musste, während die

Musik lief raus mit der Sprache: „Neben der CD wollte ich dich nach dem Playboy fragen?", drehte ich meinen Joker um. „Oh, muss das sein, Christian?", bat Isabell und hörte dabei nicht auf zu lächeln, „ich habe das schon oft erzählt und auch keine Probleme damit, es sind schöne Bilder, aber wir haben doch gleich so wenig Zeit, und das ist doch schon Jahre her. Ich würde gerne über die CD reden und wie sie entstanden ist, wäre das o.k. für dich?"

Natürlich nicht, seufzte ich unmerklich und unhörbar in mich hinein! Redeten wir also über die CD. Das war mal dumm gelaufen, dachte ich. Da brauchte ich jetzt mit dem toten Drafi schon gar nicht mehr kommen.
Aber das Gespräch war trotzdem ein Erfolg. Die Varell sprudelte förmlich und ihre gute Laune war ansteckend. Sie war stolz und fröhlich, schwärmte von der Musikproduktion, erzählte kleine Anekdoten und berichtete aus ihrem Alltag. Sie hatte Recht gehabt, mehr wäre in zweimal vier Minuten wirklich nicht unterzubringen gewesen. Ihre positive Grundstimmung übertrug sich. Auch ohne die gemeinsame Analyse der zurückliegenden Schlagzeilen war das Gespräch unterhaltend und spannend. Diese konnte man ja ein andermal, wenn mehr Zeit sein würde, ausführlich nachholen. Wenn sie dann nicht wieder mit ihren großen Augen einen anderen Gesprächsverlauf vorschlagen würde.

Auch Julia Neigel hatte dieses einnehmende Wesen. Die in Sibirien geborene Pfälzerin hatte schon mit Anfang 20 einen Ohrwurm gelandet und sich mit ihrer kraftvollen rauchigen Stimme Mitte der 80er durch ‚Schatten an der Wand' einen Namen gemacht. Damals noch Jule genannt, rockte sich die Ludwigshafenerin mit ihrer Band gleichermaßen durch die Rockpaläste und Schlagerparaden. Ich hatte die Neigel damals einige Male am Rande eines Auftritts erlebt, oder hinter den Kulissen einer TV-Sendung, hatte aber nie mit ihr direkt gesprochen. Ich würde lügen, versuchte ich zu leugnen, dass ich bei dermaßen rassiger Weiblichkeit nicht etwas länger hingesehen hätte. Wie sie mit kreisenden Armen tanzte und mit der ersten Reihe im Publikum flirtete, das war schon klasse.

Irgendwann wurde aus Jule dann die Julia Neigel. Man konnte nur erahnen warum? Die offizielle Version allerdings, Jule sei der Spitzname in ihrer Jugend gewesen, den man als erwachsene Frau irgendwann ablege, klang nicht ganz überzeugend. Das wäre gewesen, wie wenn Frank

Elstner plötzlich wert darauf gelegt hätte, wieder bei seinem richtigen Vornamen Tim angesprochen zu werden. Es hatte wohl kräftig Zoff mit der ehemaligen Neigel-Band gegeben und die Namensstreitigkeiten ließen die Anwälte tief ins Urheberrecht abtauchen. Jahrelang war zu ermitteln, wer denn die alten Hits geschrieben hatte und nun die Tantiemen dafür bekommen durfte. Ein spannendes Stück deutsche Rockgeschichte, das es wert gewesen wäre aufzudröseln. Aber da stand Julia Neigel mit ihrem ,neigelneuen' Album und wirkte gleichermaßen zufrieden, stolz und glücklich, ihre Musik präsentieren zu können.

Ich beließ es auch diesmal beim Besprechen der aktuellen Ereignisse. Zumal auch hier vom ersten Augenblick an eine gewisse Vertrautheit im Raum schwebte.

Die Musik spielte und Julia schaute auf das große Radiomischpult: „Mensch das könnte ich heute gar nicht mehr, ich habe ja in den 80ern auch Radio gemacht", nahm mich Frau Neigel 30 Jahre mit zurück. „Echt? Im Kabelpilotprojekt Ludwigshafen, der Geburtsstunde des deutschen Privatradios?", entgegnete ich.

„Du kennst das Pilotprojekt?" staunte sie. „Ja, ich habe damals in der 12. Klasse darüber in Sozialkunde meine Facharbeit geschrieben", erläutere ich stolz mein Insiderwissen. Plötzlich gingen wir beide in der Erinnerung wieder zur Schule. Sie war schon früh daheim ausgezogen und hatte parallel zum Gymnasium als Moderatorin der Nachtsendung erste Medienerfahrungen gesammelt. Ich hatte derweil noch für die Schülerzeitung geschrieben und auf Kassette erste Radiosendungen für die Mitschüler in meinen Jahrgang aufgenommen. Es war ein offener und spannender Austausch.

Die Radiohörer bekamen kurz darauf andere Geschichten zu hören, ebenso greifbar. Ein Dankeschön an ihre Mama hatte Julia in ein Lied gegossen und sie erzählte, wie wichtig Familie und Freunde ihr seien, wie sehr sie die Pfalz und den Rhein als ihre Basis brauchte und wie lange sie habe kämpfen müssen, bis ihre Songs wieder allein ihr gehört hätten.

Das langwierige Rechtechaos um die Neigel-Lieder kam also ganz von allein zur Sprache. Knapp zwar, aber man konnte erahnen, dass dies alles viel Kraft gekostet hatte.

So blieb spätestens nach diesen beiden Begegnungen eine Erkenntnis.

Musikjournalistische Neugier und der Wunsch, anschaulich das pralle Leben zu zeigen wie die Boulevard-Kollegen, ist nur eine Seite der Medaille für ein erfolgreiches Interview. Denn – und auch das mag eine Binsenweisheit sein – um gut miteinander zu reden, muss man sich auch wenigstens ein bisschen mögen.

Semino Rossi – Schokolade mit Schmelz

Der Begriff Schnulzensänger passte zu Semino Rossi wie die Gitarre zum Meer. Wenn das berühmte Schmalztöpfchen unter den Lautsprechern sich je hätte füllen können, dann besonders zum Gesang des Argentiniers mit den kurzen Locken. ‚Lass meine Arme dein Zuhause sein', ‚Das Tor zum Himmel ist die Liebe' oder ‚Tausend Rosen für dich': das waren Titel, die romantischer nicht sein konnten, und die die triefenden Plattitüden in den Schlagertexten wie zu einem Brühwürfel konzentriert zusammenpressten.

Dennoch, Semino Rossi genoss den Respekt der gesamten Showbranche, denn er war ein Kämpfer und hatte sich von ganz unten bis in den Unterhaltungshimmel gesungen. Jahrelang war seine Ausnahmestimme in der U-Bahn, auf Stadtplätzen oder in Restaurants zu hören gewesen. Semino hatte für sich und seine Gitarre den Umzug aus Argentinien nach Europa vom Mund abgespart und zog tapfer jahrelang durch die Fußgängerzonen, bis man endlich auf seine Musik aufmerksam wurde. Der Knoten platzte irgendwann und Semino Rossi wurde einer der gefeierten Romantik-Tenöre. Seine Tourneen waren in Windeseile ausverkauft, Semino-CDs fanden reißenden Absatz und der arme Junge aus ‚Argentina' bekam alles zurück, wofür er jahrelang arge Entbehrungen hatte hinnehmen müssen.

Die berühmte Tellerwäscherkarriere war gelungen. Das rührte auch Seminos Publikum.

Sein entscheidender Vorteil im Haifischbecken der Schlagerwelt war aber, dass er ein echter Musiker war, der sein Handwerkszeug auf dem Asphalt perfektioniert hatte und der diese Zeit nie vergessen hatte und deshalb auch niemals Gefahr lief, die Bodenhaftung zu verlieren.

Für diejenigen, denen sich bei den besagten deutschen Schnulzen die Fußnägel aufzurollen drohten, waren die Lieder in Seminos Muttersprache klingende Entschädigung. Das waren spanisch gesungen internationale große Balladen, denen Semino mit seinem klassisch-poppigen Timbre das gewisse Etwas verlieh. Da stand Herr Rossi glücklich den weltweit erfolgreichen Tenören von Il Divo in nichts nach.

Bei allen Interviews mit Semino traf ich einen höflichen, bescheiden Mann, der gerne und ohne Zicken alle Fragen auf seine herrlich unbeholfene Art beantwortete. Denn auch wenn er schon 20 Jahre im deutschsprachigen Raum arbeitete, sein Akzent war immer noch enorm und die Vokabellücken beachtlich. Rossi trat verbindlich und herzlich auf, wusste immer, mit wem er gerade redete.

„Hallo Chrissssstian, iss freuu miss", betrat er mit einem Lächeln das Studio, immer wie aus dem Ei gepellt, auch fürs Radio stets im Anzug und nicht wie andere Kollegen, wenn es nur ins Mikrofon zu reden galt und keine Kamera dabei, in Räuberzivil.

Semino war stolz auf das erreichte und dankbar, wenn man ihn als Musiker ernst nahm. Er erzählte von seinem Auftritt bei Stefan Raab, der mit ihm zusammen gespielt habe. Wo sonst Künstler aus den populären Randbereichen gerne mal vom Schandmaul der TV-Szene nach Strich und Faden veräppelt wurden, Semino wurde mit Respekt behandelt, weil auch Raab dem Profi und Kollegen an der Gitarre die Ehre erwies und deswegen den Schnulzensänger leben ließ.

Keine Frage nach einer Anekdote aus der Straßenmusikerzeit war Semino unangenehm. In Rom habe er gesungen. Anstatt einige Münzen in den Gitarrenkoffer zu werfen, hatte ihm jemand ein Stück Pizza angeboten. Dieses empfand der Argentinier auch Jahre danach noch als grobe Missachtung seiner Profession, die ihn immer noch sehr erregte. Er schimpfte erneut auf dieses Almosen, habe ‚nicht umme eine Stuck Pizza gebete'. Er sang auf der Straße ‚um seine Miete und seine Lebe ssu bezahle'. Wenn er Pizza gewollt hätte, würde er danach gefragt haben.

Eine andere Geschichte aus einem Restaurant, in dem wahrscheinlich auch Pizza gereicht wurde, endete allerdings mit einem Happy End. Seine spätere Ehefrau Gabi habe er damals zum ersten Mal gesehen und vor dem Tisch angesungen. „Sie 'at mir eine E-uro unne vierssich gegebe", gab Semino gerührt zu. 20 Schillinge also für eine gemeinsame Zukunft als Plattenmillionär. „Guute Investisionn", lachte er und freute sich mehr an dieser Pointe, als an den realen Zahlen.

Semino Rossis Leidenschaft für Schokolade und Süßigkeiten war enorm. Er hatte sogar eine eigene Produktlinie mit hohem Kakaoanteil und Rosengeschmack auf den Markt bringen lassen. Diesen besonderen Fanartikel zu besitzen, erfüllte ihn fern jeder Angabe mit Zufriedenheit. Er trug immer eine Tafel in der Innentasche seines Sakkos und überreichte mir mit Stolz eine körperwarme 100 Gramm Tafel. Sie musste also noch mal in die Kühlung war aber lecker.

Früher in Argentinien hatte Rossi sich als Rettungsschwimmer betätigt und einige Menschen vor dem Ertrinken bewahrt. Die Zeit des Leistungssports war mittlerweile vorüber, seine Leidenschaft für Schokolade blieb. Also musste der Mann jenseits der 40 langsam auf seine schlanke Linie achten und dafür sorgen, dass die Anzüge nicht spannten. Den Fans war allerdings Seminos Schwäche für süße Sachen bekannt. Beim nächsten Besuch hatten glühende Verehrer vorab eine Riesenschachtel mit kleinen Törtchen anliefern lassen. Gerührt nahm er das Präsent entgegen, seufzte aber gleichermaßen. Denn der Mann mit der großen Stimme war eisern gewesen, hatte kleinere Portionen verdrückt und sich den Süßkram weitgehend verkniffen. Die sichtlich verlorenen Kilogramm wollte er nicht zurück haben. Und so erfuhr die Kaffee-Zapfstelle der Redaktion mit derart leckereren Gratis-Dreingaben eine ungeahnte Aufwertung und Rossi begnügte sich mit dem kalorienreduzierten Erinnerungsfoto.

Heinz Hoenig, Uwe Ochsenknecht und Günter Rohrbach – drei Mann aus einem ‚Boot‘

Ich stamme aus einer marinebegeisterten Familie. Lediglich die Liebe für Meer und Wasser hat sich bei mir gehalten, aber der Rest daheim war zusätzlich fasziniert von der Schiffstechnik. Ich kannte deshalb ich schon früh das U-Boot-Denkmal von Laboe und als in den 80er Jahren Wolfgang Petersen den Kriegsroman ‚Das Boot‘ von Lothar-Günther Buchheim verfilmte, war dieser Urknall für das deutsche Kino natürlich auch bei uns ein großes Thema.

Die Kulissen sah ich bald darauf in den Bavaria-Studios in München. Es sah exakt so aus wie an der Ostsee.

Eindringlicher als in diesem Film konnte man diese beklemmende Enge in der Tiefe nicht darstellen. Angst und Schrecken wurden mit Spannung und Action gepaart. ‚Das Boot‘ war einer der Filme gewesen, die sich mit den Hollywood-Blockbustern messen lassen konnten. Nicht zuletzt wurde Wolfgang Petersen später einer der erfolgreichsten Regisseure in der Traumfabrik und ‚KaLeun‘ Jürgen Prochnow einer der wenigen Deutschen, die in Kalifornien große Rollen spielen konnten. Nahezu jeder aus der Besatzung und der Besetzungsliste wurde zum gefragten Schauspieler, wenn er nicht schon vorher ein Star gewesen war.

Immer wenn ich einen aus ‚Das Boot‘ zum Interview treffen durfte, war dieser deutsche Top-Film ein Thema und jeder hatte eine andere spannende Anekdote zu erzählen und gab sie gerne zum Besten.

Uwe Ochsenknecht war der Bootsmann Lambrecht aus Mannheim und er ‚sang' seinen Text auch wie die Kurpfälzer dies tun. Es war Ochsensknechts eigene Mundart und er musste sich nicht verstellen. Das sei für Wolfgang Petersen wichtig gewesen, denn dieses kleine U-Boot sollte Menschen aus allen Ecken Deutschlands zur Schicksalsgemeinschaft zusammenschweißen.
Uwe Ochsenknecht folgte zwar nicht direkt Herbert Grönemeyer nach, der nach seinem Kinoerfolg rasch in der Musikbranche durchstartete, aber auch Ochsenknecht war ein Rocker, der immer mal wieder neben seiner Filmtätigkeit CDs aufnahm. Mit Neuaufnahmen bekannter Souloldies, kernig und stimmgewaltig vorgetragen, gab er irgendwann auch Promotion-Interviews. Ich traf ihn in Frankfurt beim Hessischen Rundfunk, denn der Weg nach Saarbrücken passte nicht in den Plan der Senderreise. Ochsenknecht war ein stiller und eher zurückhaltender Gesprächspartner. Über Musik zu reden war o.k., aber darüber hinaus war er eher einsilbig. Zu viele Schlagzeilen hatten er und seine damalige Ehefrau Natasha meist unfreiwillig geliefert und er war vorsichtig. Seine Söhne waren gerade dem Benjamin-Blümchen-Alter entwachsen. Die galt es noch zu schützen, wenngleich er auch hier den Nachwuchs einer unvermeidlichen Öffentlichkeit aussetzte. Wie auch nicht, wenn man seine Kinder Jimmi Blue, Cheyenne Savannah und Wilson Gonzales nannte.

Aber beim Thema ‚Das Boot' taute er schließlich doch etwas auf. Man habe sich sehr um authentische Kulissen be-

müht. So hätten beim ‚Auslaufen' echte Schinken und Bro-
te in den Kulissen verstaut werden müssen. Wie in einem
echten U-Boot seien die Lebensmittel da geblieben, und
als sich die Dreharbeiten dann wie eine längere Feindfahrt
über Wochen hinzogen hätten, wäre nach und nach der
Gestank fast unerträglich geworden, was der Authentizität
dann wieder zuträglich gewesen sei.

Heinz Hoenig war der Funker Hinrich. Auch er hatte als
schmächtiges Kerlchen, das unter Wasser bange mit dem
Kopfhörern nach dem Geräusch der Schiffsschrauben
horchte, seinen ersten großen Erfolg.
Jahre später spielte Hoenig für einen SR-Tatort den Mann
fürs Grobe, einen LKW-Fahrer, der in die Machenschaften
einer Schleuserbande verwickelt war. Da hatte sich der
schmale U-Boot-Mann figürlich verdoppelt und seine
Stimme hatte auch am Set Gewicht.

Wie immer, wenn ein bekanntes Gesicht für wenige Dreh-
tage vor Ort waren, der Zeitplan eng und die Interview-
möglichkeiten gering. Erst hatte er keine Lust auf eine Radiosendung, dann sollte es aber doch noch klappen. Bei
einem Außendreh an einer Ausflugshütte traf ich den
hemdsärmelig netten aber wenn es sein musste auch auf-
brausenden Heinz: „Interview? Ja gut, komm. Setzen wir
uns dahin ... was? Für eine Zwei-Stunden-Sendung, na
denn mal los!"

Viel Zeit habe er nicht, sagte Hoenig und auch die Aufnahmeleiter drängelten schon kurz nach Beginn der Aufnahme. Wie so oft bei Gesprächen war es auch hier so: Der
Schauspieler redete sich schnell warm, war angetan, dass

sein Gegenüber sich vorbereitet hatte und bald wurden wir vertrauter: Ja, seine Ausbildung als Werkzeugmacher zeige schon seinen Spaß am Basteln, er hätte auf seiner Finca in Mallorca jetzt einen kleinen Stier entworfen, mit ganz dicken Eiern. Das wäre ein prima Touristenandenken, wenn der Kleine in Produktion ginge.

Auch Hoenig hatte private Schlagzeilen geliefert. Gerade lief die durch die Boulevardpresse angefeuerte Diskussion, ob eine Frau ihrem Mann erlauben könne, ins Bordell zu gehen. Hoenig stellte in drastischen Worten klar, das dieses Thema in der Gesellschaft sehr verlogen und doppelmoralisch dargestellt würde. Plötzlich gab der Aufnahmeleiter Winkzeichen, ich sollte zum Ende kommen. Hoenig sah das und rastete aus. Jetzt war ich sein Kumpel, er hatte sich auf das Interview eingelassen und nun sollte es ordentlich zu Ende geführt werden.
Er brüllte los. Man solle ihn in Ruhe lassen bis „er hier" – gemeint war ich – mit Fragen fertig sei. Jetzt würde er ein Interview geben. Peng, nahm er das Papier mit meinen Fragen und dreschte damit wütend auf den Campingtisch der Ausflugsgaststätte.

Ich durfte also wohl noch meine Boot-Anekdote erfahren. Schnell wieder beruhigt lauschte er meiner Frage nach besonderen Ereignissen bei den Dreharbeiten. Da wäre ganz viel passiert, sagte Heinz Hoenig, aber einmal habe er sich schwer verletzt. Denn beim finalen Bomenbangriff in La Rochelle habe es viele Explosionen gegeben und er habe als Funker Hinrich am Ende tot und mit offenen Augen in den Trümmern liegen müssen. Dabei sei der ganze Staub runter gekommen. Die Bindehaut habe sich entzündet, alles habe oft gespült werden und er einige Zeit mit Verband und blind umherlaufen müssen. Wieder daheim hätte er dann eine Dokumentation im Fernsehen über genau diese Schlussszene gesehen und seiner Freundin mit Bildbeweis erklären können, wie es zu seinem Augenleiden gekommen war.

Günter Rohrbach ist in ‚Das Boot' zwar nicht zu sehen, dafür war er als Chef der Bavaria Studios Produzent des Films.

Günter Rohrbach wurde in Neunkirchen geboren. Schwarzweiße Indianer-Filme und Laurel und Hardy Späße waren seine ersten Leinwanderlebnisse im dortigen Burgtheater. Das erzählte er mir im Interview. Damals hätte in der Hüttenstadt niemand gedacht, welchen Einfluss für Film und Fernsehen dieser Mann später haben würde.

Als Fernsehspielchef beim WDR brachte Rohrbach mit ‚Klimbim' sowie ‚Ein Herz und eine Seele' die ersten TV-Comedy-Formate mit auf den Weg. Er musste harsche Kritik einstecken, als sich viele Zuschauer darüber beschwerten, dass da ein neuer Ruhrpottkommissar mit Namen Schimanski zur besten Sendezeit andauernd ‚Scheiße' brüllte.

Nach der Ausstrahlung der US-Serie ‚Holocaust', die er gegen große Widerstände durchgesetzt hatte, bekamen Rohrbach und seine Familie sogar Morddrohungen.

Im Alter von 50 Jahren kündigte er beim WDR, also in einem Lebensabschnitt, wo viele den Sessel nach hinten stellen und die Früchte ihrer Arbeit zu genießen beginnen. Rohrbach fing als Bavaria Chef in einem ganz anderen Arbeitsumfeld an und stürzte sich gleich in sehr kostspielige

Projekte. Die Verfilmung von ‚Die unendliche Geschichte‘ und eben die Produktion von ‚Das Boot‘. Wenn er diese millionenteuren Filme in den Sand gesetzt, sprich in leeren Kinos hätte zeigen müssen, wäre diese Zeit als Bavaria Chef schnell vorbei gewesen.

Die Kinogeschichte war aber anders verlaufen und so konnte Günter Rohrbach für ein Portrait über berühmte Saarländer zugeschaltet aus München vom Bayerischen Rundfunk meine Huldigungen entgegen nehmen. Er erzählte, dass er Premieren nicht gut ertrage, und meist nicht im Kinosaal dabei sitzen könne.
Selbstverständlich hatte auch Rohrbach sein unvergessliches Booterlebnis: Vor La Rochelle in Frankreich habe man Außenaufnahmen des U-Boots mit einem detailgetreuen und teuren Modell gemacht. Dieses Maßstabsmodell sei eines Nachts in einem Sturm entzweigebrochen. Die Nachricht habe man ihm am nächsten Morgen, seinem Geburtstag, per Telefon nach München übermittelt. Erst habe man ihm – offenbar zur Beruhigung – heftigst gratuliert, um erst im zweiten Schritt mit der bitteren Wahrheit rauszukommen. Auch hier zeigen die fertigen Bilder, dass man für den Schreck in der Morgenstunde eine passable Lösung finden konnte und mit dem Modell nicht das ganze Projekt versenkt werden musste.
Auch Claude Oliver Rudolph war als Bootsmaat Ario damals mit dabei, aber der ist noch eine andere Geschichte wert.

Claude Oliver Rudolph – der Kater Karlo auf sanften Pfoten

Claude Oliver Rudolph hatte im Fernsehen die fiesesten, gemeinsten und skrupellosesten Typen gespielt, die sich ein Drehbuchautor ausdenken konnte. Zudem saß er bei Boxkämpfen gerne in der ersten Reihe, trat grundsätzlich mit Sonnebrille auf und machte meist ein finsteres Gesicht. Rudolph liebte große Gesten und gab den Schrank aus der Halbwelt mit Überzeugung und auch für sich als Privatperson. Das verschaffte ihm Respekt von allen Seiten.

Eine Zeit lang lebte der Schauspiel-Star in Lothringen, war in Saarbrücken an einer Filmfirma beteiligt und demnach regelmäßig in Sankt Arnual anzutreffen. Rudolph verströmte den Glamour des roten Teppichs, und da er sich regelmäßig sozusagen in Rufnähe zum Halberg aufhielt, sollte ein Interview doch möglich sein. Einer der Mitinhaber der Filmfirma war ein ehemaliger Kollege und überbrachte mein Anliegen.

Natürlich konnte es nicht sein, dass jemand der dem Agenten ihrer Majestät übel zugesetzt hatte und der als U-Boot-Fahrer in einem mehrfach Oscar nominierten Film mitgespielt hatte, sofort und auf der Stelle zusagte. Schon gar nicht konnte es sein, dass er sein SUV über die Saar lenkte und von Arnual direkt ins Studio käme. Wenn Interview, dann nur per Audienz in seinem Büro.
Derart ins Bild gesetzt und ehrfürchtig gestimmt, fuhr also eines Nachmittags der Reportagewagen für die Aufzeichnung zur kleinen Filmfirma. Funkmikros und Stative wurden installiert und wir warteten auf ‚Le grand Rudolph'.

Dann kam er still, unauffällig, leise, und er würde die Sonnenbrille bis zu unserer Abreise nicht absetzen. Aber ohne Zeitdruck nahm er entspannt Platz und war bereit im Album seiner Rollen mit mir zu blättern. Ich hatte natürlich Bammel, denn er hatte das Image eines Kampfhundes, der beißen konnte und ich wollte doch am Ende unbeschadet aus der Sendung gehen. Gleich mit der ersten Antwort sprach der Großkotz: Nee, er würde natürlich nicht hier in der Nähe leben, er habe eine Wohnung hier, aber seit zehn Jahren seien seine Wohnsitze Paris und Los Angeles. Damit hatte er zwei dicke Ortsmarken gesetzt und klar gemacht, dass er gnadenlos jede Ungenauigkeit in meiner Vorbereitung ahnden würde.

Er korrigierte sogar da, wo es nicht nötig gewesen wäre. Meine Aufzählung der Bond-Bösewichte, die immer gerne mit Deutschen besetzt wurden, fand ich durchaus in Ordnung: Klaus Maria Brandauer, Gerd Fröbe, Curd Jürgens, Gottfried John, Götz Otto und Claude Oliver Rudolph. Doch gleich fuhr er mir wieder in die Parade: „Brandauer ist erstmal ein Österreicher in einem nicht autorisierten Bond, der fällt raus. Dann Curd Jürgens, Gerd Fröbe, Gottfried John, ja. Götz Otto ist kein richtiger Schauspieler also bin ich eigentlich erst der vierte Deutsche, der in einem Bond je war."

Langsam gefiel mir dieser Schlagabtausch und ich wusste er knurrte gerne, tat einem dabei aber nicht weh. Das wichtige Getue war seine Masche und die funktionierte prima. Es fing an, richtig Spaß zu machen, denn Claude Oliver Rudolph war zudem ein absoluter Kenner der Kinoszene und konnte Sätze raus hauen, über die sich die Betroffenen hätten herrlich ärgern können.

Besagtem Götz Otto den Beruf abzusprechen war ebenso harsch wie sein Urteil über Weltstar Julia Roberts. Die werde total „gehyped und kann noch nicht mal fehlerfrei stehen!"

Aber es waren nicht nur die schlauen Sprüche des Angebers. Anekdotenreich konnte der deutsche Bösewicht beweisen, dass er wusste, wovon er sprach.

Als Student des berühmten Lee Strassberg habe er früh gelernt wie es ginge.

Dieser Lehrmeister auch für andere Stars wie Robert de Niro oder Dustin Hoffmann habe ihm beigebracht, wie man sich bei einem Monolog gleichzeitig die Schuhe binden konnte oder eine Zigarette drehen. Das könnten deutsche Schauspieler nämlich meistens nicht. Entweder könne man ein Requisit bedienen oder spielen, aber nicht beides! Für einen Schauspieler sei es aber wichtig, ,einfach zu sein'. „Das klingt so einfach und ist so schwer", führte Rudolph aus und das müsse man lernen. Belmondo sei in seinen ersten Filmen völlig zappelig, nicht zu ertragen gewesen, erst später habe er gelernt Ruhe auszustrahlen.

Charles Bronson sei ein ruhender Pol. Marlon Brando, Rod Steiger, Lee Marvin seien für ihn Berge, „der Olymp der Schauspielkunst, und die machen nix, das ist die Kunst." Robert Mitchum habe sich oft ins Drehbuch geschrieben: ,anr' – acting not required.

Claude Oliver Rudolph lieferte großes Kino und war ein Füllhorn cineastischer Hintergrundinfos. Und selbstredend konnte er prima erklären, warum er so gerne der ,Fiesling vom Dienst' war. Ich hatte ein paar Rollennamen zusammen getragen, die ihn eindeutig in die dunkle Ecke stellten: Bruno, der krumme Otto, Schleimer, Striebeck, Chinesen-Fiete, das klang wie 300 Jahre Knast.

Sein Lächeln war mafiös, gönnerhaft aber verschlagen: Seine Kunstfigur sei die des ,Kater Karlo', er sei der wahre Filmgangster: „Aber, wenn man Magenscherzen hat geht man nicht zu Professor Brinkmann, sondern zu seinem Hausarzt. Bei mir ist es genauso: wenn man einen umlegen will, kommt man nicht zu mir." Film sei Lüge, und es ginge ihm gut als „nationales Negativ-Idol". Ein Volk benötige etwas Weißes und etwas Schwarzes: „Man braucht einen

Heiner Lauterbach. Der steht für das leichte, schöne Leben an der Seite schöner Frauen. Und man braucht Claude Oliver Rudolph, der uns mit der Unterwelt versöhnt."

So endete das Interview nett und zahm mit vielen großen Geschichten. Er habe Till Schweiger groß gemacht und den Lindenstraßendarsteller mit ‚Ebbis Bluff' und dem Max-Ophüls-Preis damals nach vorne gebracht.
Bei den Dreharbeiten im engen U-Boot sei er dabei gewesen, als man mal eben die ‚Steady-Cam' erfand, die heute in jedem Action-Film für lange schnittfreie Sequenzen sorgen würden.

Irgendwann habe ihn Christine Neubauer angesprochen. Er, Claude sehe so gut aus, er sollte doch einmal einen Frauenfilm drehen. Und so habe er sich mit der Rolle eines Stahlarbeiters, der einen Hirntumor hatte, in neues Terrain begeben und die Damenwelt damit zum Weinen gebracht. Es machte ihm Spaß zu erzählen.

Ab da war ich in seinem Netzwerk und wir hielten lockeren Kontakt. Wenn Claude etwas zu sagen hatte, rief er an und wollte es auch im Radio verkünden. Er stellte seine Drehprojekte in meiner Sendung vor, bewarb sich ein andermal medienwirksam als Intendant des Theaters in Trier. Natürlich wusste der Kinostar seine Themen mit reichlich Klatsch und Kintopp zu würzen und es waren immer spannende Gespräche. Einmal hatte er sogar seinen alten Boot-Kameraden Martin Semmelrogge dabei, der mit herrlich verrauchter Stimme, wenn auch etwas wirr seinen Senf dazu gab.

Claude war einkluger Analytiker der deutschen Kino und Theater-Szene, wusste immer genau welche Stoffe welches Einspielergebnis gebracht hatten, kannte sich mit Filmfördergeldern aus und hatte die besten Kontakte.
Leider war ihm nie mehr ein ähnlich großer Wurf wie mit einer Dieter Wedel Serie geglückt. Auch international war nach James Bond keine weitere große Produktion dabei. Vielleicht gehörte zu jedem Projekt auch das gewisse Quäntchen Glück, das ihm dann doch letztendlich versagt blieb.

Claude war überdies einmal sogar zu einer spannenden Radioaktion bereit. Mit seiner kernigen Stimme wollte er die großen Fieslinge aus Kino, Theater und Weltliteratur mit einem kurzen Monolog darstellen. Die Hörer hätten mit der richtigen Lösung ‚böse was gewinnen' können. Das Projekt scheiterte bis heute an einem Sponsor und dem Willen der Redaktion ein fröhliches Quiz mit einem Gangsterimage im Programm zu platzieren.

Klaus Lage, Heinz Rudolf Kunze und viele Deutschrockstunden

Die Neue Deutsche Welle brachte Anfang der 80er den Musikern das Selbstbewusstsein zurück, auch wieder deutsche Texte in Lieder zu packen. Als wenige Jahre später genügend gutgelaunte Gaga-Schlager gedudelt waren, löste sich diese Bewegung nicht wieder in Selbstgefallen auf, sondern mündete in eine über Jahre stabile Deutschrockphase, die mit tollen Stimmen, klasse Texten und kernigen Sounds begeisterte. Die Hallen waren ausverkauft.

Bei vielen Konzerten von BAP und einigen auch von Klaus Lage oder Heinz Rudolf Kunze hatte auch ich ‚Erste-Reihe-Fan-Erfahrung' gesammelt. In Sachen Publikumsbegeisterung standen die Deutschrocker den internationalen Größen damals in Nichts nach. Und mancher Teutonen-Stone umgab sich auch mit einem international agierenden wichtigen Management und einer Entourage, die nicht selten auf dicke Hose machte. Man war bisweilen empfindlich und reagierte allergisch auf Fragen.

Klaus Lage hatte ich 1987 bei der Bundesgartenschau abseits der Bühne mit gezücktem Mikrofon mal einfach von der Seite angequatscht und mir eher einsilbige und lustlose Töne eingefangen. Mein erstes Interview mit Heinz Rudolph Kunze erlebte ich in Bonn in seiner Garderobe. Das war doch tatsächlich eine Pressekonferenz mit mehreren Kollegen. Im Halbkreis knieten die Mikrofonhalter vor dem

Künstler, der seine Song-Texte klar und entschieden gegen die von Udo Lindenberg abgrenzte. Der wolle einfach nicht bemerken, dass so schnodderig wie er niemand mehr rede.

Die Herren verschafften sich somit mit der ersten Begegnung in den frühen Jahre den nötigen Respekt und ich war bei späteren Treffen ‚gewarnt'. Die Schwierigkeiten der Interview-Vorbereitung lagen bei Männern dieser Gefühlslage folgendermaßen:

Der Musiker möchte am ehesten und ausführlich über seine neueste CD reden, der Interviewer auch das besprechen, was mal in dicken Lettern in der großen Zeitung mit vier Buchstaben stand oder was in den vier Wänden des Sängers abseits der Kunst passiert. Das interessiert die Leute und macht den Menschen hinter dem Musiker erlebbar.

Zwei Altmeister der Medienwelt waren mir seit jeher mit zwei goldenen Regeln in der Interview-Vorbereitung großes Vorbild:

Zum einen Rolf Seelmann-Eggebert, jahrelang ARD-Korrespondent in London und Hofberichterstatter für die Königshäuser Europas. In Kollegenkreisen wurde er Sir Rolf genannt, weil er sich in besonderem Maße im Dunstkreis von blauem Blut benehmen kann. Seelmann sagte einmal, dass er nie eine Frage gestellt habe, die er nicht selbst bereit gewesen wäre zu beantworten. Edelmännisch und wahr.

Der zweite war TV-Urgestein Blacky Fuchsberger. Mit ‚Heut' Abend' hatte er zwar nicht die Talkshow erfunden, sie aber in Anmut und Atmosphäre verfeinert. Er hatte die Erkenntnis kultiviert, dass einem Interviewpartner nur dann spannende Details zu entlocken waren, wenn er sich wohl fühlte und sein Gegenüber ihn wohlwollend befragte. Das hatte ,Blacky' zwar immer wieder Kritik seitens der investigativ-nachbohrenden Kollegen eingebracht, die in seinem ,Schmusekurs' ein erbärmliches Anbiedern sahen oder zumindest die kritisch-journalistische Distanz vermissten. Fuchsberger hatte sich nie darum geschert und blieb dabei: Wer zu sehr bohrte und nachhakte und auf einer Sache herumritt, dem offenbarte der Gesprächspartner am Ende gar nichts.

Das versuchte ich auch bei meinen Radio-Zwiegesprächen mit den Prominenten zu beherzigen. Es war manchmal eine Herausforderung, über etwas zu reden, ohne die gute Stimmung zu zerstören. Also musste man wohlüberlegt vorplanen. Die Erfahrungen des Fragers wuchsen über die Jahre und man entwickelte ,schonende Garverfahren', die den Künstler unbemerkt weich zu kochen vermochten. Die bereits erwähnten Herren Rockmusiker ihrerseits waren auch längst lockerer geworden. Man kannte sich lange genug, wurde entspannter und miteinander vertrauter. Interviews verliefen für beide Seiten angenehm.

Heinz Rudolf Kunze konnte stundenlang über seine Lieder und Texte sprechen. Aber es gelang mir bisweilen, dass er nicht nur auf seinen Dichterschreibtisch verwies, sondern auch ins Wohnzimmer blicken ließ. Einmal ging es um seine zwei Kinder. Söhnchen Paul war beim ersten Interview damals ins Bonn noch als kleines Baby im Tourtross dabei gewesen und mittlerweile ein erwachsener Mann mit eigenem Beruf. Ob ein rockender Papa für den Nachwuchs eher cool oder peinlich gewesen sei, wollte ich wissen? Seine Kinder hätten in dieser Frage Glück gehabt, begann seine ehrliche Antwort, es sei weder cool noch peinlich, sondern ,normal' gewesen: „Die sind mit einigen Scorpions-Kindern zusammen aufgewachsen. Wir wohnen im gleichen Viertel und das Schicksal hat es so gewollt, dass die Söhne von Klaus Meine und Matthias Jabs und mein Sohn vom Kindergarten bis zum Abitur zusammen waren. Meine Tochter war zwei Jahre jünger und gehörte zu derselben Clique insofern waren sie nicht alleine."

Klaus Lage sollte ich erst 20 Jahre nach der BUGA wieder vor das Studiomikrofon bekommen. Der wollte, das hatte ich einige Male erlebt, nicht so gerne über ,Zoom' reden. Wurde das Gespräch auf ,Tausendmal berührt' gelenkt, so wurde er schnell schmallippig. Es hätte so viele Lieder in seiner Karriere gegeben, und ,Zoom' sei halt eins davon. Und aus war's.

Über Klaus Lages Privatleben war in all den Jahren nie etwas nach außen gedrungen. Man kannte quasi nur den Musiker. Aber nur über die Studioarbeit zu reden, war mir zu einseitig und ich traute mich schließlich mit der offenen Frage, warum man nie etwas über ihn abseits der Bühne gelesen hätte?

„Das war ganz einfach", kam es kühl aus ihm heraus, „da gab's nichts."

‚Oh Mann', dachte ich, er ließ mich für die akustische Homestory tatsächlich schon wieder am Gartentürchen abblitzen. Aber plötzlich erzählte er weiter: Das habe er bewusst nie thematisiert, und er habe neulich einen schönen Moment gehabt, weil seine Tochter ihm auch mal gesagt hätte, dass sie ihm sehr dafür danke, dass er sie da rausgehalten habe.

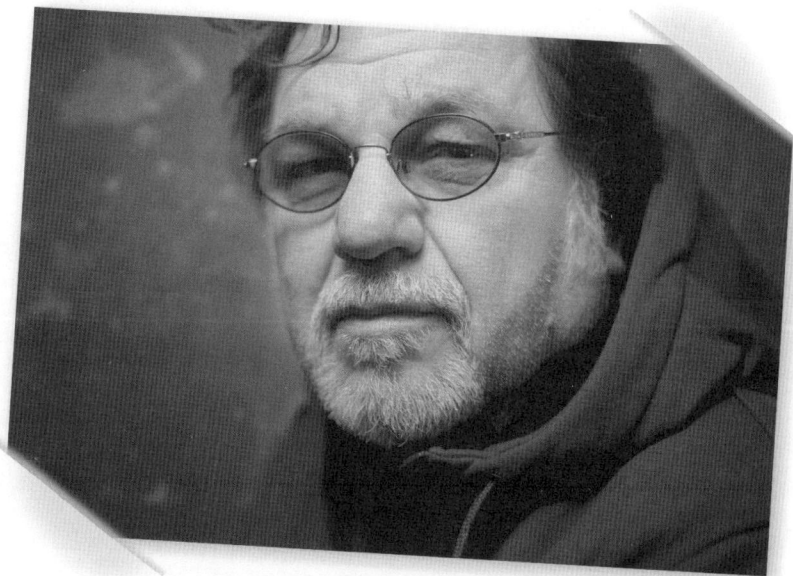

Der Fuß war also schon mal in der Tür und wie Sir Rolf es forderte, fragte ich nicht nach dem Schlafzimmer, sondern der Terrasse. Der alte Rockbrummbär erzählte gerne von seinem Balkon in einem Mehrparteienhaus, unten im Hof stünde ein alter rostiger Feuerkorb und man treffe sich manchmal mit der Hausgemeinschaft dort, sogar im Winter. Zur Sonnenwende am 21. Dezember haue man „so ein bisschen Holz da rein" und der Grill würde angeschmissen. Lage outete sich als Ganzjahresschwenker, herrlich!

Und wo wir so in Gedanken an der wärmenden Glut standen und es zum Ende des Interviews richtig gemütlich wurde, bemerkte ich, dass wir jetzt eine Stunde lang nicht über ,Zoom' geredet hätten. Und siehe da, plötzlich nahm Klaus Lage den Ball auf wie eine cross gegrillte Käsewurst: „Viele mögen das Lied, verbinden ja auch Erinnerungen damit. Es ist auch ein Teil meines Musikerdaseins und es hat mich ja auch einen gehörigen Schritt nach vorne gebracht. Weil wenn man so einen Riesen-Hit hat, dann hilft das natürlich in der Karriere. Das ist schön und dann feiert man mit den Leuten zusammen."

The Alan Parsons Project oder kurzer Ruhm und die Halbwertszeit des Vergessens

Peter Weck hatte im Theater an der Wien den Musicalboom für den deutschsprachigen Raum begründet. Mit ‚Cats' hatte er den Broadway in New York und das Londoner Westend auf das europäische Festland geholt. Nach Erfolgen auch mit ‚Les Misérables', ‚A Chorus Line' oder ‚Das Phantom der Oper' wollte der engagierte Schauspieler und Intendant in der Stadt Mozarts und Beethovens auch einmal mit einer selbst produzierten Musical-Premiere für Furore sorgen.

Der Stoff klang vielversprechend: ein Sohn der Stadt Wien, Sigmund Freud war roter Faden des aktuellen Konzept-Albums von Eric Woolfson und Alan Parsons – dem umjubelten ‚Project', das schon das Werk von Edgar Alan Poe, Antonio Gaudi und anderer Kulturgrößen vertont hatte.

‚Freudiana' war die Geschichte eines jungen Mannes, der versehentlich im Freud-Museum eingesperrt wird und die Nacht auf der legendären Couch verbringen muss. Irgendwann vermischen sich Traum und Wirklichkeit. Die freud'schen Patiententypen treten hinzu. Alle mehr oder weniger einen an der Klatsche, singen sich die Charaktere mal mit fetzigem Rhythmus, dann via tragische Ballade ohrwurmig durch die Szene, bis der junge Eric am nächsten Morgen wieder befreit wird und ein anderer Mensch ist.

‚Freudiana' war hochkarätig besetzt: Ulrich Tukur spielte und sang den gefangenen Museumsbesucher. Natürlich war der Komponist Eric Woolfson da und als Toningenieur feilte Alan Parsons selbst im altehrwürdigen Theater an der linken Wienzeile am Sound.

Als Reporter wurde ich von der Pressestelle der Wiener Bühne zur Premiere akkreditiert. Ich würde die Reise- und Hotelkosten mit Beiträgen für den SR und den WDR wieder einspielen, so hatte ich die Tour gegen finanziert, wäre aber auch einfach so hingefahren, denn bei solch einem Event wollte ich unbedingt einmal dabei sein. Mit mir reiste ein Freund, der für ‚Die Rheinpfalz' schrieb.

Der Umgang mit Pressestellen ist nicht immer einfach. Dort müssen die Mitarbeiter den Protagonisten einer Produktion den Rücken frei halten, und sollen nicht andauernd die Proben stören. So bekommen im Vorfeld solcher Uraufführungen nur ganz wichtige TV-Stationen und auflagenstarke Blätter noch Interview-Termine. Die Verbindung zu Linda Thiery, der damaligen PR-Chefin vom Theater an der Wien, war aber ebenso herzlich wie ihrerseits wohlwollend. So gab es exklusiv für den kleinen SR-Reporter und den Zeitungskollegen das Rundum-Sorglos-Interview-Programm: Ulrich Tukur, Produzent Brian Brolly, Eric Woolfson und Alan Parsons mussten sich jeder mindestens 20 Minuten für uns Zeit nehmen. Sie präsentierten sich allesamt als nette, auskunftsfreudige und entspannte Erzähler.

‚Lucifer' war seit jeher eines meiner Lieblingsinstrumentals, ‚Eye in the sky' hatte ich mit 16 einer Flamme zum Geburtstag geschenkt und überhaupt war die Musik vom Alan Parsons Projekt immer mit großem Orchester und ebensolchem Sound aufgenommen. Die beiden Väter dieser Meilensteine der Popmusik ganz locker und freundlich zu erleben, war damals ein ganz besonderes Erlebnis. Keine Allüren, keine Zickerein, offen und ehrlich wurde vom damals neuen Experiment ‚Theater' berichtet. Parsons gab bereitwillig Auskunft darüber, dass man auch für die Bühne einen CD-tauglichen Klang hinbekommen könne, und dass er nah dran wäre. Wir wünschten toitoi für den nächsten großen Abend, denn London und New York waren gespannt, was in Wien da über die Bühne gehen würde.

Dermaßen freundlich von der Promi-Welt aufgenommen, erwarteten auch wir gespannt die Premiere, zumal es anschließend zur Riesen-Sause in die eigens dafür dekorierte Wiener Börse gehen sollte. ‚Freudiana' ging mit schönen Songs und spektakulären Bühnentricks über dieselbe. Dann zog das illustre und ebenfalls starbesetzte Publikum zum Ort der Feier. An Stehtischen im Ein-/Ausgangsbereich erwarte man bei einem herrlich-trockenen und bestens gekühlten österreichischen Sekt das Ensemble und die Produzenten. Wir erkannten viele bekannte Gesichter. „War das nicht Katja Ebstein?" „Guck mal da, André Heller, und der da drüben hat doch mal Kinderfernsehen gemacht" ... die Star-Szene amüsierte sich, die Band spielte, Häppchen wurde gereicht. Wir mittendrin, zwei unbedeutende kleine Lichter der Medienwelt.

Die Tür ging auf, Tukur betrat die Börse, sah uns, winkte herüber, „na hat's Euch gefallen?" – „Klar tolle Rolle!" Ein ebenso freundliches Nicken kurz darauf von Parsons: „Hallo Alan, great Sound!" Schließlich Eric Woolfson. Er kam sogar an unseren Stehtisch inmitten der Schönen und Bedeutenden: „Und wie fandet Ihr ‚Freudiana'? ... freut mich ... habt noch Spaß, wir sehen uns, bye."

Getuschel um uns herum, da wurden prominente Köpfe zusammengesteckt. Wer zum Teufel waren diese beiden Typen? Alle Musicalleute hatten zuerst mit denen erzählt, wie konnte das sein? Waren die etwa wichtig? Sehr seltsam, warum hatte man sie nie vorher gesehen? Der Nebenmann kannte sie auch nicht und der Burgschauspieler hatte ebenso keinen Schimmer!

Schon wenige Tage später waren wir wieder aus dem Gedächtnis der ‚Freudiana-Macher' verschwunden. Das Musical ist es mittlerweile auch. Letzteres ist bedauerlich, denn die Songs hätten es verdient wieder auf einer Bühne gespielt zu werden. Es dauerte nicht lange und es entbrannte zwischen dem Theater, der britischen Produktionsgesellschaft und dem mittlerweile leider toten Eric Woolfson ein erbitterter Streit um die Aufführungsrechte. Weiß etwa doch noch jemand um die Namen der Reporter, damals, einen Tag vor der Welt-Premiere?

Jürgen Zöller – BAP-Tier am Schlagzeug und weitgereister Trommler

Schlagzeuger galten oft als Musiker zweiter Klasse. Mit Harmonien hatten sie nichts am Hut und sie spielten meist zu laut. Der Pianist mit den feinen Fingern zauberte die Gänsehautmomente und der Mann an der Gitarre, oft in Personalunion mit dem Sänger und Frontmann sah immer am besten aus und verdrehte der Damenwelt vor der Bühne den Kopf.

Meine bescheidenen Tanzmusikerfahrungen gingen genau in diese Richtung. Wurde ich nach dem Aufbauen doch gerne zum Getränkeholen geschickt: sieben Bier für sechs Musiker und einen Schlagzeuger, hahaha war das lustig!

Die Popgeschichte hatte denn auch nur wenige Männer an der Schießbude ins Rampenlicht gebracht. Ringo von den Beatles durfte im Gesamtwerk der Band ganze drei Lieder singen. Dave Clark schaffte es als Schlagzeuger wenigstens, der Fünfer-Beatkapelle den Namen zu geben. Es gab Mick Fleetwood der von den Trommeln kam und natürlich Phil Collins. Der Rest blieb im Hintergrund, lieferte gefälligst den richtigen Groove und ließ den schönen Harmoniegelehrten in der Reihe den Vortritt.

Doch wer auf dem Podest saß, hatte oft den besseren Überblick und lebte sein Leben gerne fern ab des Blitzlichtgewitters, dem sich der Rest einer Band manchmal

130

gegenüber sah. Bei kleinen Drummern war hinter der hohen Schlagzeugbatterie oft noch nicht mal das Gesicht zu sehen. Gerade in dieser Fast-Inkognito-Position passierten manchmal die dollsten Sachen.

BAP-Trommler Jürgen Zöller war neben Wolfgang Niedecken das dienstälteste Mitglied der Kölschrocker. Vor ihm gab es drei bis vier andere Schlagzeuger: Gründungsrhythmusmann Wolli Boecker, später Jan Dix. Nur im Studio aktiv war für ein Album Curt Cress und schließlich gab es den an Krebs verstorbenen Engländer Pete King von der Band ATF (die mit 1980F nebenbei die Erkennungsmelodie zu Gottschalks TV-Sendung ‚Na sowas' geliefert hatten).

Zöller kam von den Deserteuren zu BAP, nachdem der dortige Chef Wolf Maahn den Laden dicht gemacht hatte. Jür-

gen Zöllers Musikerlaufbahn bestand jedoch aus vielen Stationen und er hatte sein pralles Leben für ein Buch in allen Einzelheiten erzählt. „Das Leben des BAP-Trommlers" – so der Titel – war dick gefüllt mit herrlichen Musikeranekdoten. Ich wollte also einmal nicht mit dem Ober-Rheinländer Niedecken reden, sondern mit seinem Trommler, der seine hessische Herkunft auch im Kölschrock-Umfeld nicht verleugnen konnte.

Nuschelig wie Heinz Schenk kam er vor einem Saarbrücker BAP-Auftritt ins Studio auf den Halberg. Eine heftige Bronchitis hatte ihn immer noch im Griff und er suchte nach der Telefonnummer eines Physiotherapeuten, denn der Arm schmerzte obendrein sehr. Am Abend sollte er wieder über drei Stunden lang auf die Felle einhauen und BAP zu dem machen, was die Fans immer noch aus dem Häuschen brachte, eine laute Rockband.

Band und Bühne, das habe ihn schon als kleinen Bub fasziniert, brummelt Zöller ins Mikrofon. Bei den Großeltern sei er in Köln gewesen und die hätten ihn mitgenommen zum legendären Tanzbrunnen, denn dort spielte Max Greger. „Das war das erste Mal, dass ich ein richtiges Orchester live gehört habe. Ich bin dann zur Bühne und auf die Bühne gegangen hab da gestanden, wie Kinder so sind. Meine Oma hat mich gesucht und auf einmal sehen die mich da oben, wollten mich runterzerren und da hat der Max Greger gesagt, lass 'n doch hier!"

Das Leben des Schlagzeugers Jürgen konnte bunter nicht werden. Seine Begegnungen lasen sich fast wie ein Musiklexikon. In den wilden 60ern hatte er mal beim Absacker in einer Frankfurter Kneipe Jimmi Hendrix gegenüber gesessen. Der habe aber seine Ruhe haben wollen.

Zöller trommelte in den beliebten Urlaubsgebieten, ob im Schnee oder am Meer. Seine Gastspiele in Österreich brachten ihn in den Dunstkreis von Rainhard Fendrich und Wolfgang Ambros. Dessen größter Hit ‚Skifoan' hatte seinen Gute-Laune-Rhythmus von Jürgen Zöller an der Schießbude.

Jürgens Spanien-Phase als Musiker in den Urlaubshotels wurde in der Heimat per Haftbefehl abgewartet, denn Zöller war damals von der Bundeswehr abgehauen.
Der Hesse war der Produzent der frühen Rodgau Monotones Alben und konnte von das Zwerchfell strapazierenden Studioaufnahmen mit Henni Nachtsheim und Gerd Knebel erzählen. „Geb' denne ein Mikrofon, die mache disch ferdisch" – so erkannte er schon früh das Potential der späteren Badesalz-Stars.
Zöller lebte ein wildes Leben im Rockzirkus, allerdings mit für ihn unvergesslichen und erfolgreichen Ausflügen in die Welt des ‚Easy Listening': irgendwann war James Last auf den kleinen Mann mit den starken Oberarmen aufmerksam geworden:
„Zu der Zeit spielte ich bei Supermax. Der PA-Verleiher rief an und sagte: ‚haste denn mal Zeit, bei Hansi zu spielen. Du sollst da Percussion machen'. Also bin ich nach Essen gefahren ins Hotel, da kam der James Last, sagt ‚Hallo, ich bin der Hansi, willkommen in meiner Familie!'. ‚Na hab' ich gesagt, bevor irgendwelche Irrtümer entstehen, ich bin kein Notist, ich kann nicht vom Blatt spielen.' Da sagt er drauf, ‚das macht nichts, man sagt du wärst gut. Mach einfach!'

Das sei unglaublich gewesen schwärmte der harte Rocker noch Jahrzehnte danach, ein unglaubliche Erfahrung. Er habe mit einer Riesenburg von Pauken und Trommeln aller Art auf der Bühne gestanden und nicht gewusst, wo er zuerst draufhauen sollte: „Dieser Klangkörper, das war für mich so ein neues Gefühl. Ich hab' da Gänsehaut gehabt. ‚Don't cry for me Argentina', da sind mir bald die Tränen runtergelaufen."

Gerne erzählte er aus seinem Leben, das mittlerweile viel ruhiger war, aber immer noch voller Musik. Privat lebe er mit Familie in Karlsruhe. „Man hat sich die Hörner abgestoßen, man weiß wer man ist, muss sich nichts mehr beweisen, man kann sich auf die Kinder einlassen, das ist das Schönste, was es gibt", berichtete Zöller zufrieden.
Und mit BAP? Das sei schon immer Hochleitungssport gewesen. Er verliere jeden Abend bei einem Konzert zwei bis drei Kilo an Flüssigkeit, und trinke mit allen wichtigen Mineralien versetzt zweieineinhalb Liter Wasser aus einem großen Humpen, um den Verlust wieder auszugleichen.
Das klang gesund und vernünftig. Kein ‚Sex, Drugs and Rock'n'Roll' mehr wie man es den Langhaarigen gerne nachsagte. Überhaupt sei das Musikgeschäft viel unspektakulärer, als man annehme, erzählte er am Schluss entspannt auf dem Weg zum Taxi.
Es ginge jetzt zur Massage, dann in die Halle zum Soundcheck. Anschließend gäbe es was zu essen und wann müsse man warten: „Wie Charlie Watts gesagt hat. 30 Jahre Rock'n'Roll – davon 25 Jahre abhängen und fünf Jahre spielen, genauso ist das: stundenlanges Abhängen."

Gerd Dudenhöffer – Heinz Becker so nah und doch so fern

,Im Saarland kennt man einen, der jemanden kennt', die Regel gilt und natürlich weiß man immer, wo die Prominenz im Land lebt und ihr Heim hat.

Als Bewohner des Saarpfalzkreises spazierte ich denn auch immer mal wieder durch den Wald, entlang an der mauerumkränzten Bleibe von Gerd Dudenhöffer. Wie er in früheren Interviews angab, war es ohne Sichtschutz zur Baumgrenze und dem angrenzenden Wanderweg auch nicht zu machen. Denn wenn er zur Bauzeit seines Hauses vom Balkon aus die Handwerker gefragt habe, ob sie etwas trinken wollten, sei von den Schaulustigen am Waldesrand sofort Applaus aufgebrandet. Man hatte es nicht leicht als Prominenter. Dudenhöffer und seine Bühnen-Figur Heinz Becker wurden immer wieder gleichgesetzt und wenn der Gerd mal nicht Heinz sein wollte, musste er für sich sein. Das war auch zu verstehen, wenngleich die Mauer immer wieder Anlass zu Kritik seiner Bewunderer gab, die mit der optischen Abgrenzung ein übermäßiges Stargehabe unterstellten, was es sicher nicht war.

Aber das Verhältnis vom Heinz zu seinen Landsleuten war in der langen und erfolgreichen Karriere des Kabarettisten Dudenhöffer immer wieder gespannt und schien irgendwann unwiederbringlich zerrüttet zu sein. Das war in Humorfragen ja nicht selten. Ironie wurde immer nur von einem Teil verstanden, die anderen waren schnell beleidigt. Der Kleinbürger in jedem Menschen, stamme er aus Hamburg oder Berchtesgaden, war Objekt von Dudenhöffers Spott. Sein Heinz sprach Saarpfalz-Mundart und hatte einen Horizont bis zu seinem Gartenzaun, mehr nicht. Doch irgendwann häuften sich die Stimmen, er sei ein Nestbeschmutzer, der die schöne und gute Lyonerseligkeit seiner Heimat in den Schmutz ziehe. Weil nicht nur der Saarländer schnell beleidigt war, sondern auch der Saarländer Dudenhöffer, beschloss man irgendwann, getrennte Wege zu gehen. Der Wohnsitz Ortsteil Bexbach war sicher und blieb bestehen, Live-Auftritte gab es aber nur noch hinter der Grenze zwischen Genie und Wahnsinn – in der Pfalz. Wer den Heinz Becker erleben wollte, musste nach Pirmasens, Zweibrücken, Landau oder Kaiserslautern, schon Waldmohr schien zu nah am Streitgebiet.

Als Westpfälzer mit Wahlheimat ein Bundesland weiter betrachtete ich diesen Umstand mit Interesse und bisweilen Kopfschütteln. Ich gebe zu, ich wollte gerne als lustiger Kofi Annan im südwestdeutschen Humorkrisengebiet wirken und Frieden stiften.
Aber auch als Witz-Botschafter und Sondergesandter für Heiterkeit konnten Alleingänge schnell ins Gegenteil schlagen. So schickte ich meinen gutgemeinten Fan-Brief nicht direkt an Dudenhöffers Wohnadresse, oder warf ihn gar ohne Briefmarke beim nächsten Waldspaziergang in den Briefkasten. Ich wählte des Postweg nach Nordrhein-Westfalen zum Management in Unna und ließ den Umschlag dahin adressieren.

Lieber Herr Dudenhöffer,

als Moderator bei SR 3 Saarlandwelle würde ich Sie gerne für ein längeres Interview gewinnen.

Ich möchte Ihnen gerne schreiben, was mich seit einiger Zeit etwas umtreibt:

Ich habe die TV-Sendung mit Ihnen und Markus Brock beim SWR gesehen und dabei gehört, dass die Saarländer und Sie ,brutzen'. Das war mir bekannt, aber ich weiß nicht genau, warum? Nun bin ich zwar schon über 20 Jahre beim Saarländischen Rundfunk, aber erst seit vier Jahren bei SR 3 Saarlandwelle, in deren Pionierzeit sie aktiv dabei waren. Von denen die jetzt bei SR 3 arbeiten, konnte mir auch keiner sagen, warum es keinen Kontakt mehr gibt.

Es ist vielmehr so, dass Sie für uns ,jüngere' Radiomacher immer ein Vorbild waren, wir Sie und ihrem Humor verehren und wissen, dass alle aktuellen Kabarett- und Comedy-Acts hierzulande eigentlich nur das ,mit einem anderen Hütchen' verkaufen, was Sie schon vor langer Zeit vorgemacht haben. Kurzum, wir sind Fans und fragen uns, ob es nicht Zeit wäre wieder miteinander zu reden.

Ich weiß, Sie machen ihr Ding sehr erfolgreich auch ohne uns, aber wenn das Saarland seinen besten Komödianten nicht ehrt, ist das irgendwie kein Zustand. Wer immer mit Ihnen bei SR 3 gezankt und ,gebrutzt' hat, sie sind alle in Rente.

Und als einer der aktuellen SR 3-Besatzung schreibe ich Ihnen.

Vielleicht wäre so ein Gästebuch, eine zweistündige Sendung an einem Sonn- oder Feiertag irgendwann im Lauf des Jahres, eine gute Sache miteinander im Radio über alles zu reden.
Sie brauchten dazu hier im Studio auf dem Halberg etwa eine Stunde Zeit, damit wir uns vor dem Mikrofon als Aufzeichnung austauschen können.
Eine Antwort von Ihnen würde mich sehr freuen.

Viele Grüße vom Halberg

Christian Job

Ich muss gestehen, nachdem mir Peter Alexander schon von Hand und Blacky Fuchsberger per E-Mail persönlich geantwortet hatten, war ich selbstbewusst genug, diesmal fest zu glauben, mein Schreiben würde auch beim Mann aus der quasi Nachbarschaft den rechten Nerv treffen. Damit müsste doch ein Anfang zu machen sein. Schon träumte ich von der Schlagzeile: ‚Pfälzer bewegt Heinz Becker zum Saarland-Comeback – Tränen in der Congresshalle'.

Die Antwort blieb aus und nach einigen Wochen telefonierte ich mich schließlich durch mehrere Vorzimmer bis zum Vertreter Heinzens fürs Saarland, den Chef von ‚Handwerker-Promotion', Fred Handwerker. Der Mann passte nicht nur wegen seines Namens prima als Sprecher seines Künstlers. Freundlich aber bestimmt dankte er für das Schreiben, auch im Namen von Herrn Dudenhöffer, aber zu seinem Verhältnis zum Saarland sei alles gesagt. Wir tauschten uns offen aus, wer damals Steine geworfen hatte. Es ging um hämische Bemerkungen, ob denn auf den

Plakatwänden an den Autobahn-Landesgrenzen der Heinz in Batschkapp hätte winken können, Zeitungsschlagzeilen mit dem Titel ‚Heinz geh fott!' wurden genannt und weitere Verunglimpfungen, die eine künstlerische Heimkehr unmöglich machten. Wohnen im Saarland ja, aber Auftritte gäbe es keine mehr.

Handwerker blieb ernst und auf Linie. Vielleicht aber bewirkte mein letzter Einwand doch eine Rückfrage nach Bexbach-Ortsteil: „Ich habe auch mal mit einem Nachbarn Krach, aber nach einer Weile muss man sich doch mit einer Bierflasche zusammen an den Zaun stellen und alles gut sein lassen. Da sind die Saarländer und der Künstler wohl beide ein bissel dickköpfig!"

Keine zehn Minuten rief Handwerker mich zurück. Er habe mit Gerd Dudenhöffer gesprochen, das mit dem Bier sei eine gute Idee. Warum wir von SR 3 nicht bald einen Auftritt in der Nähe des Saarlandes besuchen würden und dann könne er beim gemeinsamen Feierabend-Pils uns alles erklären.

Spätestens beim zweiten oder dritten würde die offene Art, die den Saarländer auszeichnete das Eis brechen und der schwere Weg der großen Versöhnung würde einen ersten zarten Anfang nehmen. Das war meine Hoffnung.
Leider waren die heimatnahen Auftrittsorte dünn gesät und der Terminplan fand erst ein halbes Jahr später in Kaiserslautern einen passenden Tag. Aber bis dahin war die Schutzmauer wieder undurchdringlich. Dieses Mal war nur noch das Vorzimmer von Handwerker aktiv, hatte zwar Karten für den Heinz-Becker Abend parat, allerdings müs-

se der Künstler anschließend sofort weg. Das mit dem Treffen müsse verschoben werden. Es sollte also doch nicht so einfach sein.

Ich verstand die Unterhändler in den großen Weltkonflikten, ob im Nahen Osten, Korea oder sonst wo zumindest ein klein wenig besser.

Mickey Maus und die Stars im Disneyland

Ja doch! D I E Micky Maus gibt es nicht.

Allerdings ist der Run auf die vielen lebensgroßen Micky Mäuse in Disneyland enorm und das nicht nur bei den Kindern.
Eine Mickey Maus im beliebtesten Vergnügungsmekka der Welt wird meist von einer Frau dargestellt, denn die sind meist nicht gar so groß. Mehr als 165 cm groß sollte die berühmte Film-Maus auch als Fotopartner nicht sein. Die geschlechtsspezifischen Körperwölbungen, ob bei den Damen oben, oder den Herren unten sind bandagiert, denn ‚Walking Acts' (so die richtige Bezeichnung) haben Knubbel nur an den disneytypischen Stellen wie Augen, Nasen oder Ohren.
Um diese korsettähnliche Unterwäsche hatte es schon Streiks im Toon-Land gegeben, denn die gehörte ursprünglich zum Kostüm und nicht zu dem der drin steckte. Das hieß, der Micky-Maus-Spätdienst sollte in die Unterhose der Frühschicht und das wollten die Mitarbeiter nicht länger hinnehmen.

Mickey und seine Freunde durften niemals sprechen, weil es im Disneyland immer ein internationales Publikum gab. So hätte das nie mit der Muttersprache des gerade vor einem stehenden Fans und schon gar nicht mit dem Originalgesäusel, dem Entenschnattern oder Hundejaulen hingehauen. Micky und seine Freunde blieben stumm.

Was aber nicht verhinderte, dass die Kostümträger es hinter den Kulissen bisweilen mal krachen ließen. Eine mit dem Handy gefilmte Party der Disneyfiguren zeigte einmal Goofy und Minnie in eindeutig zweisamer und zweideutiger Pose. Goofy, der Hund, versuchte sich hinterrücks mit artentypischen und auf Fortpflanzung bedachten Bewegungen an der Mäusin.

In der Disneyzentrale schäumte man und versuchte vergeblich das youtube-Video löschen zu lassen. Die unsittlichen Übeltäter waren auch nicht zu ermitteln, weil man nicht mehr feststellen konnte, wer der diensthabende Goofy zur Aufnahmezeit wirklich gewesen war. Es war zum Mäusemelken, wäre dies nicht auch eine disneyuntypische Handlung gewesen.

Draußen hatten die Disneyfiguren nette Bodyguards. Junge lächelnde Menschen in Disneylanduniform wichen den Trickhelden im Kostüm keine Sekunde von der Seite. Es sollte niemals ein Schnapsschuss um die Welt gehen, wo Pluto in Notwehr einen Fünfjährigen biss, oder Micky einer zudringlichen Mutti eine langen musste. Weil der große Cartoonkopf und die verschiedenen Abdeckschichten schwer und heiß werden konnten, dauerte der Einsatz einer Disneyfigur vor Publikum höchstens 25 Minuten, dann hatte der Darsteller Pause oder wurde abgelöst.

Obwohl ich um die Tricks und den Budenzauber im Disneyland wusste, war ich dennoch immer total aus dem Häuschen, wenn ich einer meiner Lieblingsfiguren begegnete. Das hatte mit dem Alter übrigens rein gar nichts zu tun, den meinem Papa und meinem Sohn ging es nie anders.

Die Fotosammlung wuchs und wurde über die Jahre immer größer.

Das Disneyland hatte aber zu besonderen Anlässen auch wahre, lebendige Stars zu bieten und das in einer unglaublichen Anzahl.

2002 feierte der Pariser Ableger des magischen Königreichs einerseits sein zehnjähriges Bestehen. Zudem wurde mit den ‚Walt Disney Studios' ein zweiter Park mit kino-

spezifischen Attraktionen eröffnet. Die Traumfabrik ließ sich selbst hochleben mit einem Riesenaufwand, Feuerwerk und Fingerfood sowie erlesener Gästeliste. Als Reporter durfte ich mich für die Zeremonien und Shows im Journalistenpool akkreditieren und war damit auch eingeladen.

Die Disney-Oberen waren aus Kalifornien gekommen und lächelten sich durch die Menge. CEO Michael Eisner strahlte zufrieden und auch Walt Disneys Neffe Roy E. war anwesend. Im dunklen Mantel mit dem typischen schmalen Disneyschnäuzer sah er, je älter er wurde, seinem legendären Onkel immer ähnlicher. Roy trat bescheiden und leise auf die Bühne. Dezent und zurückhaltend sprach er nur ein paar Worte, gratulierte dem Pariser Park zum Jubiläum und spornte alle Mitarbeiter für die Zukunft an, Träume erlebbar zu machen, wie es sein Onkel zeitlebens mit großem Spaß getan hatte. Absolut perfekt inszeniert oder spontan entschieden?
Roy E. schaute nach oben und sprach zum Ende seiner kurzen Rede noch den Gänsehaut-Satz: „Thank you Walt, wherever you are!"

Die Party am Abend war bunt, laut und lustig. An jeder Ecke Live-Musik, Schnittchen, geöffnete Bar mit Freigetränken bis zum Finale und alle Attraktionen erlebbar für geladene Gäste. Wenn tagsüber zwanzigtausend Besucher oder mehr an den Achterbahnen zu Warteschlangen führten, so war der Park mit vielleicht 3000 VIPs am Abend leer, der Sprung in die Gondel oder den ‚Dark-Ride-Zug' im Durchmarsch zu realisieren, sogar mehrmals hintereinander. Zwei Reihen vor mir saß kein Fan aus Pusemuckel, sondern Kai Pflaume, der ebenso wie ich Spaß daran hatte, in drei Sekunden von null auf hundert beschleunigt zu werden. Thomas Gottschalk, die blonde Mähne schwingend, kam aus dem Catering-Zelt, als ich mir dort gerade ein paar Häppchen genehmigen wollte. Beim Gang in die gekachelten Nebenräume und dem Fortbringen der Erfrischungsgetränke hatte Ex-Bond-Darsteller Roger Moore direkt vor mir abgestrullert. Das Journalisten-Leben konnte so schön sein.

Phil Collins oder Peter Gabriel, der über die Jahre eher wie Zauberer Catweazle aussah, waren da. Johnny Halliday vertrat die französischen Farben und Sir Cliff Richard die Briten. Letzteren hätte ich gerne noch mal gefragt, ob er die saarländische Lucky Lipp-Version noch drauf hatte. Aber kaum strahlte ich in seine Richtung, kam seine grimmig dreinblickende Begleitung dazwischen, die mich mürrisch nach meinem Begehr fragte. Das freudige Zücken meines Mikrofons mit der erwartungsfrohen Erklärung ‚German Radio!' ließ sie unbeeindruckt. „No Interviews!" Mit diesen Worten ließ sie mich links liegen und bahnte mit einer leichten Linkskurve an mir vorbei ihrem Schutzbefohlenen einen Weg durch die Menge. Nicht nur Micky Maus hatte im Disneyland Bodyguards!

Pocahontas – am Grab des allerersten amerikanischen Superstars

Ich lese gerne in den Klatschzeitungen die Rubrik ‚Was macht eigentlich?' Gelegentlich erfährt man Interessantes über die Stars von damals. Idole aus der eigenen Kinderzeit, Oldie-sänger, Schauspiellegenden im Ruhestand. Diese verfolge ich gerne, wenn es denen allen gut geht.

Berühmtheiten die schon dahin gegangenen sind kann man im Internet bei www.findagrave.com besuchen. Auch dahin klicke ich mich bisweilen. Reich bebildert sind die letzten Ruhestätten der Promis aufgelistet und dargestellt. Die alten amerikanischen Revolverhelden wie Wyatt Earp, Billy the Kid oder Buffalo Bill haben irgendwo in den USA ihre Inschriften. An die größten Hollywood-Stars wie Lau-rel und Hardy, John Wayne oder Walt Disney erinnert, da sind die Amerikaner äußerst bescheiden, meist nur eine kleine Bronzetafel auf der Wiese eines Friedhofs.

Das Grab des allerersten Stars aus Amerika habe ich per-sönlich besucht.

Mitte der 90er Jahre war ich als Volontär des SR für vier Wo-chen nach London abkommandiert. Eine prima Zeit, denn ARD-Korrespondent Michael Heine ließ mich meinen Spaß an bunten und griffigen Themen ausleben. Ich war Reporter bei der Scrabble-Weltmeisterschaft (mit Mitgliedern aus dem ge-samten Commonwealth und unglaublichen Wortkombinatio-nen). Prinzessin Dianas Outing in Sachen Rittmeister James

Hewitt erlebte ich in England live im Fernsehen. Das hatte sie mit traurigen Augen zur besten Sendezeit dem Journalisten Martin Bashir erzählt. Dieser Mann sollte Jahre später mit seiner linken und verzerrenden Dokumentation über Michael Jackson den Ruin des King of Pop einläuten. In Sachen Popmusik erlebte ich begeisterte Beatles-Fans, die sich um Mitternacht vor den Plattenläden um die verschollene Aufnahme von ‚Free as bird' kloppten. Ein Vierteljahrhundert hatte es keine ‚neue' Beatles-Single mehr gegeben. Die drei noch lebenden Beatles hatten eine Kassettenaufnahme des verstorbenen John Lennon aufgepeppt und sich zumindest virtuell und für dieses eine Mal wiedervereinigt.

Aus den Disneystudios kam in diesem Jahr eine uramerikanische Geschichte als Zeichentrickfilm in die Kinos. Das Leben der Häuptlingstochter Pocahontas wurde erzählt als tragische Liebesgeschichte zwischen rot und weiß. Der junge und gut aussehende Engländer John Smith segelte danach Anfang des 17. Jahrhunderts mit dem Schiff in die neue Welt. Im von den Siedlern neu gegründeten Virginia erwarb er sich schließlich den Respekt der Ureinwohner und eroberte das Herz der schönen Pocahontas. Die Wilde aus dem Tippi öffnete Smith die Augen für die Schönheit der Natur, aber die Liebesgeschichte endete traurig und offen. Der schwerverletzte Eroberer musste zurück nach England, die Indianer-Prinzessin blieb zurück und schickte ihm mystische Kräfte mit dem Farbenspiel des Windes hinterher. Die rotgoldenen Blätter des Indian Summer flogen, die Segel blähten sich und das Publikum verließ melancholisch gestimmt das Kino.

Ich hatte den Film in London schon gesehen, die Premiere daheim in Deutschland stand noch aus. Da schlug mein

Chef vor, doch eine Reportage über das Grab von Pocahontas zu machen. „Wie Grab? ... hier?" fragte ich unwissend, „wie kann die denn hier liegen?" „Tjaha" lächelte Michael Heine, „dann recherchierst Du das jetzt Mal und fährst dazu mit dem Zug eine knappe Stunde raus nach Gravesend. Das wird schön, wirst sehen!" Also ging es mit der S-Bahn raus aus der Millionenstadt, zur letzten Ruhestätte der legendären Indianertochter.

Gravesend, eine kleine verschlafene Hafenstadt an der Themse, entpuppte sich als nicht sonderlich hübscher Industrieort. Im eher kleinen typisch englischen Ortskern sah man vom Bahnhof aus den Kirchturm. Dort angekommen, war schon im Garten die lebensgroße Bronzestatue der berühmten Indianerin zu erkennen. Ich wusste nicht mehr als die fünf Zeilen aus dem Reiseführer, aber brauchte zu dem Interview-Töne. Also klingelte ich am Pfarrhaus. Hochwürden öffnete selbst. Und als ich ihm nach einem freundlichen „Hi Sir" mein Anliegen nach Pocahontas-Infos unterbreitete, lächelte er wissend und erheitert. „Ach, wo läuft der Film denn diesmal neu an? Hier waren schon Holländer, Franzosen, Amerikaner ... Germany? Soso. o.k. in einer Stunde habe ich Zeit!"

Ich schlendere durch den Kirchengarten und ließ die romantische Liebesgeschichte noch mal in Erinnerung vor mir ablaufen. Tolle Songs waren in Pocahontas zu hören, die wie auch schon bei ‚Arielle die Meerjungfrau' und ‚Die Schöne und das Biest' Alan Menken komponiert hatte. Viel Gefühl, tolles Kino, große Romantik. Der Herr Pfarrer aus Gravesend sollte mich kurz drauf mit der realen Geschichte vertraut machen. Wo genau sich das Grab der Pocahontas befinde, wisse man nicht mehr, denn die Kirche sei seit ihrem Todesjahr umgebaut worden und später auch einmal abgebrannt. Irgendwo unter dem Boden des Hauptschiffs sollte es wohl sein. Wir gingen vorbei an alten Stichen und Kopien damaliger Urkunden. Dass John Smith die große Liebe von Pocahontas gewesen sein soll, war eher unwahrscheinlich, denn mit rund 30 Jahren sei der für die damalige Zeit ein alter Mann gewesen und die Indianerin fast noch ein Kind. In der Tat, zwischen dem Trickfilm John Smith und dem Wurzelsepp auf der alten Zeichnung klafften Welten.

Pocahontas wurde vielmehr in der Kolonie der Einwanderer mit einem John Rolfe vermählt und begleitete den schließlich mit dem Schiff in die alte Welt. So sei sie nach England gekommen und als Häuptlingstochter und Exotin am Hof rumgereicht worden. Sicher habe sie hier auch Smith wieder getroffen, aber der Pfarrer vermutete mit den Historikern, dass beide eher ein - heute würde man sagen – platonisches Verhältnis gehabt hätten.

„Wie dem auch gewesen sei", erklärte der Kirchenmann nach dem wiederholten Mal auch in mein Radiomikrofon freundlich und routiniert, „das Leben als Ausstellungsobjekt in England, als unter den englischen Blaublütern herumgereichte adlige Jahrmarktattraktion hat sie wohl nicht verkraftet. Das Heimweh war zu stark." Pocahontas wollte nach Hause, erkrankte aber und musste die Heimreise über den Ozean wenige Meilen nach dem Ablegen schon in Gravesend wieder unterbrechen. Hier starb sie an Lungenentzündung, Pocken, Blattern oder Tuberkulose, genau wisse man es nicht.
Pocahontas wurde in der Kirche des Ortes begraben, im Frühling 1617.

Die Disney-Produzenten hatten eine schöne Geschichte ersonnen und zu einem Welterfolg gemacht. Dabei war die Liebesgeschichte an Pocahontas' schönen langen Haaren herbeigezogen. Die deutschen Radiostationen sendeten fast alle meine leidenschaftliche Enthüllungsgeschichte aus London, die genauso eine tragische Kinoromanze wert gewesen wäre. Pocahontas Teil zwei, einige Zeit später nur auf Video erschienen, erzählte dann auch wenigstens von John Rolfe, verschwieg aber das bittere Ende.

Peter Alexander und ein Fast-Interview

Irgendwann war meine Promi-Sammelleidenschaft geweckt. Wer Interviews zusammenträgt und aufhebt, der möchte wie bei den Briefmarkenfreunden irgendwann zumindest den Versuch starten, die ‚blaue Mauritius' zu sehen. Peter Alexander wäre so ein außergewöhnlicher Gesprächspartner gewesen. Doch der größte Entertainer war in Pension und nahm besonders seit dem Tod seiner Frau und Antriebsfeder Hilde diesen Ruhestand sehr ernst.

Ich hatte aber mit Carl Bossert, dem langjährigen Chef der Saarbrücker Saarlandhalle einen persönlichen Bekannten und Freund von Alexander kennengelernt. Gemeinsam hatten wir davon geschwärmt, wie einzigartig doch eine Radiosendung sein würde. Peter der Große würde noch einmal zu seinen Fans sprechen. Bossert wollte als alter Weggefährte Alexanders ihn aber nicht dazu nötigen, ermutigte mich aber, es auf eigene Faust zu versuchen. Und so fand ich im Personenarchiv des SR eine Adresse in Grinzing, konzipierte einen Brief, der alles erklären und höflich anfragen sollte. Ich schickte die drei Seiten von Hand und in Schönschrift an die Paul-Ehrlicher-Gasse 8 in Wien:

Saarbrücken im September 2007

Sehr geehrter, lieber Peter Alexander,
ich hoffe, dass diese Zeilen Sie persönlich erreichen.
Ich muss gestehen, dass ich in der Zeit, in der dieser

151

Brief unterwegs ist, sehr aufgeregt bin, ob die Sätze eines kleinen Journalisten aus dem Saarland wirklich den größten noch lebenden Entertainer erreichen.

Ich weiß, dass Sie im Ruhestand sind, und Sie durch das Emblem des Saarländischen Rundfunks auf dem Umschlag vielleicht schon die Anfrage für etwas vermuten, was sie seit Jahren nicht mehr machen – nämlich öffentlich zu werden.

Aber ich dachte mir, dass Sie als Pensionär sicher die Zeit und vielleicht auch die Lust haben, sich an Früher mit positiven Gedanken zu erinnern. Und deshalb habe ich Ihnen eine CD beigelegt, die ein Interview mit Carl Bossert enthält. Ich habe Herrn Bossert im Sommer als Bahnfahrer nach Paris kennengelernt, er hat mir von seiner Zeit in der Saarlandhalle erzählt und hatte so viele tolle Anekdoten parat, dass wir diese Sendung gemacht haben, die am 15. August auf SR3 Saarlandwelle ausgestrahlt wurde.

Herr Bossert hat so nett von Santana, Udo Jürgens, Udo Lindenberg und auch von Ihnen erzählt, dass ich glaube, Ihnen könnte das Anhören auch Spaß machen.

Herr Bossert hatte sehr viel Spaß und viele positive Rückmeldungen und auch mir hat dieses Interview sehr viel Freude gemacht. Die Ausgangsposition des Gesprächs, ein älterer Herr mit prallen Lebenserfahrungen erzählt und der (fast) noch junge Hüpfer (ich bin 40 Jahre alt) hört staunend zu und fragt. Das hat glaube ich hier ganz gut funktioniert.

Herr Bossert hat erzählt, wie sie vor dem Konzert in Saarbrücken ganz alleine in der leeren Halle Klavier gespielt haben, wie sie vorher gemeinsam durch den Wald gestreift sind, oder wie nach einem Konzert bei Bosserts daheim, Demos für neue Lieder abgehört wurden.

Da hab ich gleich gedacht, wenn mir Peter Alexander doch diese und auch weitere Geschichten selbst erzählen könnte?

Herr Bossert hat mir gleich gesagt, was ich auch schon wusste, dass Sie keine Interviews mehr geben. Aber im Saarland funktioniert vieles manchmal doch weil jemand jemanden kennt, der jemanden kennt. Deswegen wollte ich es zumindest versuchen, dass sie vielleicht eine Ausnahme machen. Vielleicht weil Ihnen Carl Bosserts Erinnerungen auf CD Freude machen und Sie vielleicht doch einmal wieder jemandem, der wie ich in vielen wichtigen Phasen Ihrer Karriere noch nicht auf der Welt oder noch sehr klein war, von früher erzählen möchten.

Eine zweite klitzekleine Hoffnung habe ich, Sie vielleicht zur einer Ausnahme zu überreden, nämlich mit ‚meinem' Medium, dem Radio.

Ihr Ruhestand ist eine in allen Belangen zu respektierende Entscheidung, und es gab viele Künstler-Kollegen, die sich mit einem Rücktritt vom Rücktritt nicht unbedingt einen Gefallen getan haben. Insofern bewundere ich Sie für ihre Konsequenz. Aber im Radio geht es in erster Linie um zeitlose Erinnerungen. Ihre Stimme, die genauso klingt wie vor Jahrzehnten, lässt beim Hören das Kino im Kopf ablaufen. Für die Zuhörer sind Sie ihr Peter Alexander, wie er von den Plattenhüllen herunter lächelt.

Deswegen erlauben sie mir die direkte Frage, ob Sie nicht doch Lust hätten, mir für vielleicht zwei Stunden Fragen zu beantworten und Geschichten von Früher zu erzählen. Wo Sie wollen, wann Sie wollen! So jetzt ist es raus – habe ich gefragt!

Als Kind von 1967 habe ich ihre großen Fernsehshows gesehen, und in den Wiederholungen viele ihrer Filme. Ein Konzert von Ihnen zu erleben, war ich zuerst zu klein, und später zu sehr in der Rockmusik gefangen, was mich heute sehr ärgert. Hinter ihrer Platte aus dem Disneyland bin ich als Micky Maus-Fan bisher vergeblich her. Ich finde mittlerweile, wo ich mich beruflich mit Musik beschäftige – und das nicht aus Schmäh – dass der deutschsprachige Raum keinen größeren Künstler hat, als Sie. Ich würde sie so gerne nach Ihrem Leben und ihrer Karriere befragen.

Lieber Peter Alexander, sie waren jahrzehntelang für ihr Publikum greifbar, es liebt Sie bis heute, unser Programm SR3 Saarlandwelle spielt selbstredend viele ihrer Lieder. Dass die Menschen Ihnen gerne zuhören würden, wissen Sie. Ich will Sie auch nicht mit weiteren Briefen nerven und kann auch Carl Bossert verstehen, dass er einen alten Weggefährten nicht selbst ansprechen oder gar nötigen mochte, noch einmal vor ein Interview-Mikrofon zu setzen. Aber ich wollte Sie unbedingt doch selbst fragen und hoffe jetzt ein bisschen.

Viele Grüße aus Saarbrücken von einem, der heute noch staunend vor den Plakaten der Goldenen Europa Gala mit Ihnen als Preisträger steht.

Ich wünsche Ihnen alles Gute und bedanke mich für Ihre Zeit beim Lesen dieser Zeilen.

Ihr

Christian Job

Der Brief war unterwegs und ich aufgeregt. Sicher würde er mit Nachsendeauftrag in einem Büro für Fanpost landen. Wenn ich Glück hätte, würde von dort ein Formschreiben oder eine zweizeilige Absage kommen. Aber ich wollte es zumindest probiert haben. Natürlich kamen kurze Tag-Träume von einer Dienstreise nach Wien dazwischen. Und einem gut aufgelegten Alexander in Grinzing, der mir gerne von seinen Dreharbeiten mit echten Löwen berichtete. Er würde die Anekdote erzählen, als ihm der berühmte Géza von Cziffra versprochen hatte, dass bei der Szene in die Zirkusmanege der echte Löwe durch Panzerglas vom Künstler getrennt sei. Im Kino würde man das nicht sehen, aber alles sei mehr als ungefährlich. Die Glasscheibe würde am Ende nicht lieferbar sein und Alexander Auge in Auge mit der zugegeben schon etwas älteren Großkatze singen. Auch wollte ich im Falle eines Treffens unbedingt wissen, wieso er in den letzten Kriegstagen sich freiwillig zur Marine hatte einziehen lassen. Wirklich, weil nur noch dort anständig Ausbildung gemacht wurde und die Chancen größer waren, dass bis zu deren Ende der Schrecken und Spuk ein Ende haben würde? Das wäre ja eine wahre ‚Schwejkiade' gewesen wie in einer seiner späteren Filmrollen.

Nach nur 10 Tagen lag eines Morgens ein handbeschriebenes Kuvert auf meinem Schreibtisch.

Mit freundlichen Grüßen
Peter Alexander

Wer schrieb denn da aus Österreich? Das konnte doch unmöglich schon sein. Auf der Rückseite stand P.A., Wien. Ich öffnete hastig und erwartete das Formschreiben.

September 2007

Lieber Herr Job,
ich möchte mich für Ihren herzlichen Brief bedanken. Aber ich habe mich mit dem Tod meiner Frau ganz aus der Öffentlichkeit zurückgezogen.
Wenn Sie mit Herrn Bossert sprechen, ich lasse ihn sehr herzlich grüßen, meine Frau und ich haben ihn sehr gemocht und geschätzt.
Und bitte spielen Sie trotz der Absage den Peter Alexander weiter in Ihrem Musikprogramm. DANKE!

Mit herzlichen Grüßen nach Saarbrücken
Ihr Peter Alexander

Der große Entertainer, Schauspieler, Komödiant und Sänger hatte selbst geantwortet. Der Mann, dem man nachsagte, er schotte sich ab und habe keinerlei Kontakte mehr zur Außenwelt. Er wählte die handgeschriebene und persönliche Antwort.

Nur wenige Andenken an die Showwelt habe ich bisher aufgehoben. Aber in Zeiten, wo aus den Managements der vermeintlich dicken Unterhaltungskracher noch nicht einmal E-Mail-Reaktionen kommen, und wo jeder, der einen Ton trifft sich Superstar nennt, da nahm sich P.A. noch Zeit für die Radioanfrage eines Minisenders für mich.

Michael Kunze – für die Schlagerbranche leider verloren

Michael Kunze bringt die Sprache zum Singen. Einfach aber handfest lässt er Bilder im Kopf entstehen, die man versteht, die anrühren, die fließen und die wunderbar zur Melodie des Liedes passen. Schon seit den 70ern schreibt er Liedertexte.

Schlagerperlen sind ihm gelungen und mit den entsprechenden Interpreten und Komponisten zusammen unsterbliche Hits. Peter Maffays erste Nummer Eins ‚Du' hat Michael Kunze auf den Weg gebracht. Es ist sogar im Sprechmittelteil seine Stimme und nicht die Maffays, denn damals war Peters Akzent noch zu stark, als dass man ihn hätte ein Rezitativ sprechen lassen können.

Mit Udo Jürgens hat Kunze später in Wien zusammengesessen im legendären Kaffeehaus Hawelka. Und beide Künstler haben über die schlimmen Umweltsünden auf unserem Planeten nachgedacht und am Ende kam ‚Fünf Minuten vor Zwölf' heraus.

Später wandte sich Michael Kunze dem Musical zu und brachte die großen Erfolge aus dem Westend und dem Broadway auch auf deutsch zum Klingen. Aus ‚Memory' wurde ‚Erinnerung', das Phantom der Oper sangt dank seiner Verse die ‚Musik der Dunkelheit', ‚Der Kleine Horrorladen' war auch in der deutschen Version von Kunze schräg und witzig. Und manchmal gelang ihm sogar eine bessere

Songzeile als im Original. Denn wenn in ‚sunset boulevard‘ die vergessene Stummfilmdiva Norma Desmond von früheren Zeiten schwärmte und auf englisch prahlte, sie habe mit dem Kino ‚new ways to dream‘ geliefert, so wurde Kunze auf deutsch noch bildhafter und sprach von ‚Träumen aus Licht‘. Für solch ein Textertalent wie Michael Kunze war es nur logisch, dass er irgendwann eigene Stücke auf den Weg brachte. Auch dies geriet meist zum großen Erfolg, ob ‚Tanz der Vampire‘, ‚Rebecca‘, ‚Mozart‘ oder ‚Elisabeth‘.

In Verbindung mit der Kaiserin von Österreich bin ich ihm einige Male begegnet. Meist strahlte und winkte der ruhige Texter und Autor bescheiden nach einer Premiere in einer Reihe mit den Hauptdarstellern von der Bühne. Bei einer Dernière des an vielen Orten aufgeführten Elisabeth-Erfolges war ich Gast einer kleinen improvisierten Pressekonferenz. Sie fand auf der Probenbühne in Essen statt und ich fiel, die Augen nach vorne gerichtet, fast über den Sarg von Rudolf von Habsburg, der hinter mir darauf wartete, nach dem Selbstmord von Mayerling zum Einsatz zu kommen.

Ich machte dabei keinen größeren Lärm und Kunze bemerkte es nicht, sprach über Pia Douwes als wunderbare Kaiserin in seinem Stück und der Hoffung, dass man bald wieder zusammenarbeiten würde.

Ein Begräbnis war der Anlass unseres nächsten Kontaktes. Peter Alexander war gestorben und zum Tag des offiziellen Abschieds von diesem einzigartigen Entertainer wollte ich Kunze interviewen. Schließlich hatte er einige Alexander-Hits getextet, darunter ‚Die kleine Kneipe'. Darüber hinaus war Michael Kunze Autor der späten Peter Alexander Fernsehshows. Per E-Mail gab er mir prompt seine Telefonnummer in Hamburg und ich rief ihn zur verabredeten Zeit für ein Live-Gespräch an. Als profunder Kenner der Showszene und enger Zuarbeiter für Alexander hatte Kunze klare und deutliche Statements: Die Showlegende habe nicht die Profilneurose wie andere gehabt, an den Texten rumzukritteln. Wenn er das Thema und den Song gut fand, habe er das genau nach Vorlage auch umgesetzt.

Viel interessanter sei die Autorenarbeit für die Fernsehshows gewesen. Hier sei es noch möglich gewesen, mit großen Stars eigene Showblöcke zu erarbeiten und diese

Arbeit sei viel spannender. Da wären teilweise ganz neue Duette entstanden. Heute träten Künstler im Fernsehen nur mehr als Playbackkünstler mit ihren Standard-Songs auf.

Und schließlich: heutzutage wäre kein Nachfolger von Peter Alexander mehr möglich. Deutsche Show-Größen landeten sofort in der Volksmusikecke und seien verbrannt. Wer mehr könne als nur singen, sollte sich eher im englischsprachigen Raum umsehen. Hierzulande funktioniere so etwas nicht mehr.

In vier Minuten hatte Michael Kunze die komplette Misere der deutschen Fernsehunterhaltung skizziert, damit Peter den Großen geehrt und da eingeordnet wo er hingehörte, oben!

In den Tagen nach dem Abschied von Alexander und dem Durchstöbern der Archive stieß ich auf eine Live-Aufnahme aus der Saarlandhalle, eine Doppel-LP von 1971, deutschlandweit erschienen und im Saarland aufgenommen. Ein Schlagermedley der damals aktuellen Titel brachte einen Kunze-Text hervor, der weit vor der kleinen Kneipe datierte:

„Zigeunerin, dein Herz muss wandern,
nie kommst du ans Ziel,
Zigeunerin geh zu 'nem anderen
spiel mit ihm dein Spiel."

Ralph Siegel hatte dazu damals mit schrägen Gitarrenakkorden einen eingängigen Groove komponiert.

Das Ding mit der Zigeunerin ging mir nicht mehr aus dem Ohr. Ich wusste, dass sowohl dieses Live-Medley als auch die dazugehörige Studioproduktion von 1970 auf keinem Downloadserver zu finden waren. Auch hatte es von diesem Song nie eine Neuauflage als CD gegeben.

Ich wandelte das Lied, meinen neuen Lieblingsohrwurm, als MP3 und schickte es per E-Mail an den Urheber der Zeilen. Ich war mir sicher, dass Kunze den Song höchstens im vielleicht vergessenen Plattenregal im Keller haben konnte, und so war es. Doch Michael Kunzes Antwort kurz darauf hatte ich nicht erwartet:

> *Lieber Christian Job,*
> *der Text ist in der Tat von mir, leider recht uninspiriert. Tut mir leid, dass das Lied Ihnen nicht aus dem Kopf geht. Ich hatte es längst vergessen. Zu recht.*
> *Beste Grüße Michael Kunze*

Das war schade. Damit zeigte der Meister, dass er die aktuelle Schlagerszene offenbar überhaupt nicht mehr verfolgte. Denn hätte er dies getan, sollte er selbst den Text zur ‚Zigeunerin' glatt noch einmal im Wettbewerb um den Fred Jay Preis vorschlagen lassen.

Ich bekam teils schlimme Reime täglich auf Ohr und hatte meine persönliche Grauensliste aus dem aktuellen Schlagerrepertoire erstellt:

‚mit dir auf einer Achterbahn, da kann man sich total verfahr'n'

Dabei prüft der TÜV Achterbahnen besonders scharf und die Schienenführung ist stabil und der Weg vorherbestimmt.

‚sie vergaß zu verzeihen'

Ich dachte, man könne zwar bisweilen das Teewasser vergessen oder den Autoschlüssel, aber solche Dinge würden meist anders im Kopf verarbeitet.

Manchmal traute sich jemand den Klassiker Herz/Schmerz etwas zu variieren.

,Du geht's mir tief ins Herz und wärmst mich wie ein Sonnenstrahl im März'

Hier sollten wohl Frühlingsgefühle entstehen, mir gefror da eher das Lächeln.

Selbst die viel beschworenen reim-dich-oder-ich-fress-dich Zeilen hatten es in Liedform geschafft

,Ein Tag. Oft beginnt er doch so schön wie nie
Ein Herz, das haben wir, das brauchen sie
Für alle Kinder dieser Welt.
Und heut sind wir nur für diese Kinder hier.
Sie wohnen nicht weit von uns entfernt, für sie singen wir'

Dann gab es Metapher wie ein Backstein um den Hals, Sprachbilder wie Sektkelche mit erblindetem Glas.

Den Tresor unserer Liebe haben andere ausgeräumt ...
Mein Göttergatte liegt in der Hängematte ...
Und ich trank seufzend am Morgen Latte ... macchiato und erfreute mich noch mehr an den Kunze Musical-Songs. Und ich wünschte mir immer wieder, dass der Mann mit den griffigen und eleganten Sprach-Bildern und fließenden Reimen wenigstens seine Reste oder sogar seinen vollen Papierkorb den Sprachkrüppeln in den Schlagerreimfabriken schenken würde.

Helene Fischer und Andrea Berg – die Königinnen des Schlagers

‚Mit Schlager kann man mich jagen!' Das war immer ein Satz, der gerade Fans von Rockmusik oder Jazz, Musical oder Oper gerne über die Lippen ging und die sich sofort mit jener verbalen Blutgrätsche meilenweit von dieser Musik abgrenzen wollten. Der Schlager hatte es nicht leicht, obwohl die beiden Turtelworte ‚Herz' und ‚Schmerz' auf ewig zum Traumreimpaar des gesamten Lala-Genres erkoren waren.

Zarte Bande und süße Leidenschaft wurden im Schlager allzu gerne mit ‚zu Dir oder zu Mir' ververst und die Metapher, die der Schlager bunt und plastisch in unser Kleinhirn zauberte, handelten allzu oft vom ‚Meer der Sehnsucht' oder dem ‚Ozean der Einsamkeit'. Diese Gewässer enthielten denn auch genügend Flüssigkeit, um uns die Tränensäcke zu füllen. So ins Bild gesetzt konnte uns die Rührung problemlos übermannen. Geigen spielten grundsätzlich im Himmel, obwohl einen der Liebste fest auf der Erde hielt. Um die Schlagerelemente komplett zu machen: Flammen durften nicht fehlen. Es brannten natürlich die Gefühle und nicht nur der Kamin. Seine Hände waren ihr so vertraut, es brannten tausend Feuer auf ihrer Haut. So gingen wir zum Bärenfell, ganz schnell.

Es gab noch andere Textbausteine, die sicher ihr Publikum fanden. Wenn aber einer davon sang, dass sie seine Bundesliga war, oder sich ein anderer auf ihr Konto einzahlen wollte, so schien es in der Schlagerwelt doch bisweilen singende Freizeitkicker und Schalterbeamte zu geben, die noch am rechten Text feilen mussten. Trotzdem wurden auch diese Liebesbezeugungen mit all ihren Brüchen nicht selten auf CD verbreitet.

Die Geigen, echte und nicht die, mit denen der Himmel voll hing, waren im Schlager lange nicht mehr zu hören. Im Computer klangen Streicher so ähnlich und kosteten nur einen Bruchteil. Der keyboard-spielende Produzent schlug mit dem entsprechenden Sound ein paar Akkorde an, wenn es hoch kam, wurde noch eine echte Gitarre dazu gezupft. Den Rhythmus mit Bass und Schlagzeug übernahm wieder eine Automatik. Das Schlagersternchen trällerte die Melodie, die aus dem Steinbruch ,Tonfolgen von einst' neu zusammengetragen wurde. Mit diesem Schlager konnte man auch mich jagen!

Ganz so einfach war die Sache natürlich nicht. Schlager hieß ja ins Englische übersetzt schlicht ,Hit'. Und das waren bekanntlich die Kracher, die Musikparadenerfolge, die Knaller, die Ohrwürmer, das, was jeder mochte. Man musste ehrlich sein: auch Barry Manilow, Elton John oder John Miles sangen Schlager. Übersetzte man ihre Songs ins Deutsche, triefte auch bei Ihnen der Schmalz. Elton John fragte: ,Kannst du die Liebe heute Nacht spüren?".
„Ich habe eine Erinnerung, ich hätte nie gedacht, dass du mich so glücklich gemacht – hast, oh Mandy", das war ein bekanntes Manilow-Lied.

Herr Miles reimte schlicht: „Musik war meine erste Liebe und sie wird meine letzte sein, Musik von morgen und Musik von damals, fein!" (Tschuldigung!)

Die großen Helden der internationalen Musikszene sangen also genau denselben Schmonzes, nur man hörte nicht hin, oder hatte das Glück, des Englischen nicht mächtig zu sein. Der Schlager lebte aber nicht vom Text allein, die Musik war das entscheidende. Die packende Melodie, das Instrumentensolo, das direkt ins Herz ging, das zählte ebenso wie das Arrangement, das die Seele berührte. Nicht zuletzt gingen Stimme und Ausstrahlung des Interpreten ins Ohr und konnten wohlige Schauer erzeugen. Die großen Stars der Musik hießen Udo Jürgens oder Paul McCartney. Bei den Frauen rührte Whitney Houston mit ihrer Musik zu Tränen oder auch Katja Ebstein.
Auf der Spitze des deutschen Schlagerolymps wurden im dritten Jahrtausend einhellig Andrea Berg und Helene Fischer gesehen. Die eine eher im Alter der Königin, die andere in der Rolle des Schneewittchens. Keine Frau im ganzen Land war annähernd so erfolgreich wie Helene oder Andrea. Beide konnten in ihrer Art unterschiedlicher nicht sein, aber beide standen fest zu dem was sie taten, waren somit glaubwürdig, überzeugend und authentisch.
Diese Authentizität war schon immer unablässig, wenn man im Showgeschäft Erfolg haben wollte.
Beide waren regelmäßig zu Gast in Saarbrücken und ich durfte sie treffen. Von echtem Kennenlernen konnte keine Rede sein. Im großen Fangetümmel (auch unter Mitarbeitern) und eng gestricktem Zeitplan des Managements waren die Begegnungen nur unwesentlich länger als die Studiozeit für das Interview.

Helene Fischer sah aus wie ein Engel: Sie hatte ein strahlendes und auch für jeden Zahnarzt makelloses Lächeln. Sie war gutgelaunt und freundlich, aber auch irgendwie kalt. Das modelmäßige Antlitz der kleinen Powerfrau war gleichzeitig Schutzschild. Andere bissen, wenn man Ihnen zu nahe kam, Helen lächelte sich die Welt auf Abstand.

Mir war das egal. In der Sammlung meiner Prominentenfotos fehlten die Fischer und dieses Lächeln. Dieses Bild wollte ich haben und bekam nach dem Interview auch das perfekte Strahlefoto mit ihr.

Das Studiogespräch war ebenso freundlich wie emotionslos. Helene erzählte bilderreich über ihre Show, in der sie auch akrobatische Teile eingebaut habe, Musicals singe und ein Konzert für jeden Geschmack liefern wolle. Sie nannte ihre Lieblingsstücke, die sie sich auch privat anse-

hen würde und erzählte von ihrer Musicalausbildung. Keine Anekdote, die von Unsicherheit gesprochen hätte, keine emotionale Entscheidung am Scheideweg als Künstlerin, alles war perfekt gelaufen. Ihre Kindheit in Russland war zu Liedern eines Potpourris in ihrer Show geworden, mehr gab es dazu nicht mehr zu sagen. Helene Fischer wirkte allein mit ihrer Ausstrahlung, ihrer Stimme und einer aufwendigen Produktion, die die kleine blonde Superfrau noch ein wenig größer erscheinen ließ. Helene war nach Jahren wieder ein deutscher Superstar – zu recht!

Andrea Berg konnte mit derart aufwendigen Arrangements wie Helene Fischer nicht punkten und hatte auch bei Weitem nicht ihr Stimmvolumen. Die Berg hatte jahrein jahraus den Einheitsgroove aus der Rhythmusmaschine ihrer Produzenten verwendet, zuerst Eugen Römer und schließlich mit noch grandioserem Hitparadenerfolg Dieter Bohlen. Andrea stellte ihre Weiblichkeit in den Vordergrund und begeistere Herren wie Damen gleichermaßen. Hohe Stiefel, Dekolleté im Lederbustier und rote Wallemähne. Das machte Eindruck. Die Männerwelt hatte was zum Schauen und die Frauen sangen lippensynchron mit einer von Ihnen. Denn auch Andrea Berg wurde ‚schon tausendmal belogen‘ und wusste, wie es der Frau im Alltag gehen konnte. Aufgebrezelt wie für die Samstagsdisco aber durchaus bodenständig hatte auch die ehemalige Kinderkrankenschwester ein glaubwürdiges Image. Sie hatte geschafft, wovon Millionen träumten, den Weg von unten an die Spitze und dafür liebte man sie.
Auch mit dem Schlagervamp wollte ich gerne meine Fotosammlung schmücken und freute mich auf das Interview. Ich begegnete einer absolut normalen Künstlerin, die ohne

Aufhebens und Starallüren höflich und fröhlich die Redaktion betrat. Andrea Berg war mit einem Hotelier verheiratet und stand selbst regelmäßig für Gäste und Fans am Zapfhahn hinter der Theke. Sie war sich für nichts zu schade. Gerne erzählte die Berg von ihrer Musik, freute sich über den Erfolg. Andrea war glaubwürdig als zufriedene Frau und dankbare Sängerin, für die es immer noch ein Traum gewesen war, so weit gekommen zu sein. Wie eine gute Hausfrau hatte sie Mitbringsel in der Tasche und ver-

schenkte zur Weihnachtszeit kleine Fläschchen mit Pflaumenlikör an die Musikredakteure.

Unser Adventsinterview war stimmungsvoll, und Andrea
Berg erzählte in allen Einzelheiten, wie sie und ihre Familie
die schönste Zeit des Jahres verbringen wollten. Natürlich
tat sie dies mit einigen Versatzstücken aus den Schlagertexten, sprach von Bratapfelduft und Tannenzweigen,
Schneeflocken am Fenster und dem knirschenden Eis auf
dem Weg zur Christmette. Es waren genau die Statements,
die es in der besinnlichen Vorweihnachtszeit brauchte. Es
machte ihr Spaß, mit mir zu reden. Am Ende fiel ihr plötzlich auf, dass die Vorräte an Pflaumenlikör in ihrer Tasche
nicht für alle reichen würden. Leise und unter dem Tisch
reichte sie mir aber noch das letzte Fläschchen rüber: ‚Hier
für dich!'
Als sie kurz darauf wieder wegfuhr, den verschneiten Halberg hinunter, dessen Laternen das warme orangefarbene
Licht in die Tannenwipfel warfen, da war auch ich berührt
von dieser Sängerin und ich traute mich danach nie mehr,
über ihre Lieder zu lästern.

Pe Werner –
Schüttelreime an die Verskönigin

Pe Werner ist zumindest im Herzen Saarländerin, eine bekennende ‚Süssschnüss' und unheilbare ‚Pralinikerin'. Das machte sie mir schon immer sympathisch. Pe Werner kam immer gerne zu Besuch. Über die Jahre waren die Verbindungen zu ihrem kleinen Lieblingssender in Saarbrücken sehr eng. Sie saß denn auch schon Mal gerne und genießend in der Jury für das ‚Goldene Plätzchen'. Pe hatte SR 3 Konzerte gespielt, die anschließend sogar als CD in den Handel kamen. Sie hatte immer viel und anekdotenreich zu

erzählen. Mit ihr verstand ich mich sogar blind, dem alle Interviews waren ein heiteres Zuspielen der Bälle, auch wenn Pe nicht im Saarbrücker Studio saß, sondern aus ihrer Wahlheimat Köln per WDR zugeschaltet werden musste. Ihre Formulierfreude und ihre Wortspiele waren immer einer der buntesten Farbtupfer in der deutschsprachigen Texterlandschaft. Sie bezeichnete sich selbst als Handwerkerin und lötete in ihrer Schreibwerkstatt gerne Worte zusammen, die scheinbar nichts miteinander zu tun hatten, aber kunstvoll verbunden ein schönes Songbild ergaben: *Trostpflastersteine, Frauenzimmerfrei, Herzbube, Liebenslänglich ...*

Ein Live-Programm von Pe versprach einmal einen ‚Herzkammermusikabend'. Darauf gab ich dann im Radio zu Protokoll, dass andere Künstler bei ihren Konzerten höchstens ‚Darmverschlussakkorde' hinbekämen, aber Pe Werner etwas ganz besonderes bieten würde. Sie lachte darüber.

Ich hatte ihr über die Jahre immer Mal – meist zum Geburtstag im Oktober – Reime gedichtet und diese bewusst durchgeschüttelt. Man kann auch sagen, kunstvollere hätte ich nicht hinbekommen. In der mir möglichen Kunst-Form wollte ich der außergewöhnlichen Sprachartistin huldigen:

> *Liebe Pe*
> *ich weiß 's tut weh*
> *wenn ich Reim an Versmaß löte*
> *und damit jeden Sprachfluss töte*
> *man kann's nicht singen – nicht mal rappen*
> *ist Stümperzeug vom Dichterdeppen*
> *doch ehrlich ist es wenn ich sag.*

ich wünsch dir zu deim Ge-Burtstag
Frohsinn, Spaß und auch ne Torte
Von der Schokoladensorte
Herzlichste Gratulation!
Das war's auch schon.

Und schon kommt der nächste dran
Tschüssie sagt der Christian

Die Antwort ließ nicht lange auf sich warten und war ebenso durch geschüttelt.

Lieber Krischjiahhhhhn
Deine Reimerei kam an
ich hab mich arg gefreut
un auch die annern Leut'
es war sehr schä
Kuss Pä

Pe Werner war nach eigener Aussage eine Meerjungfrau. Mit den Bergen konnte man sie jagen. Am liebsten würde sie nur mit einem T-Shirt und der Zahnbürste im Gepäck in die Sonne fliegen und barfuß sofort den Strand aufsuchen, erzählte sie gerne im Radio-Talk.
So kam es, dass Pe eines ihrer Wiegenfeste auf den Balearen verbrachte und ich die Orte der Feteninsel mit Strohhalmen literarisch zusammenzubinden versuchte:

Mit Lyrik dir zu gratulieren
wär wie mit links die Tinte schmieren
Bevor ich jetzt 'nen Reim versuch
und hinterher dann nur noch fluch'

und würd die Ode noch so groß
ich denke, dass ich's lieber loß
alla dann, alles Liebe und Gute auf die Insel
Soller doch dichten?
am Ende holt sie die Pollencia!
Christian

Durch ein Interview mit dem erfolgreichen Musicalautor und Übersetzer Wolfgang Adenberg (der in Saarbrücken studiert hatte, am Staatstheater zum ersten Mal Bühnenluft schnuppern konnte und in Sankt Arnual dann auch die Frau fürs Leben gefunden hatte) erfuhr ich von dessen Bewunderung für Pe Werner. Pe wiederum erzählte ein andermal, dass sie Wolfgangs Texte sehr mochte und schätzte. Da ich um Pes Theaterleidenschaft wusste und gerne Musicals schaute, wollte ich die beiden bekannt machen, um eventuell einmal in den Genuss von Premierenkarten für ein gemeinsames Werk zu kommen.
Ich schüttelte mich, reimte und schicke die E-Mail an beide:

Journalisten können ja nicht wirklich viel!!!
eher schleimen statt reimen!
ohne Dichten vernichten!
schreiben nicht selten,
nur um zu schelten
und haben schnell
ohne schlecht's Gewissen,
nach ner Premiere nöhlig – ölig,
das Werk
mit einem Satz zerrissen!
und stellt er noch ne Frag' dazu
dann heißt das ganze Interview ...

Kurz: der Journalist
ein künstlerischer Dödel ist.

Auch meiner Freude über eine Einladung zur Uraufführung
fasste ich in Worte:

Denn bei einer Premier',
machen Journalisten
gern die Häppchen-Platte leer,
da sind sie Spezialisten!
Und trinken Schampus viel aufs Haus
so Schluß und Aus!
Liebe Grüße
Christian

Das auf diese Weise angefachte Kreativfeuer für ein Mu-
siktheaterstück Werner/Adenberg sollte bis zum heutigen
Tag zwar auf Erfüllung warten, aber der fröhlich-gereimte
Mailwechsel war fast zur Tradition geworden.
Irgendwann bekam ich von Frau Werner die Zusage, an dem
Tag von ihr angerufen zu werden, wenn alle Reime ververst
sein würden und alle Wortkombinationen gefunden:

Lieber Christian,

Du bist ein Reimkönig !
Ich danke Dir. Endlich weiss ich, wo ich mal anrufen
kann, wenn ich
einen Hilfsdichter brauche.

liebe Grüße aus Kölle
von et Pe

Wolfgang Hellmann – gelebtes Radio

Wer Anfang der 80er Jahren musikbegeistert war, der war auch gleichzeitig Radio-Fan. Die TV-Sendungen mit Pop-Musik waren dünn gesät und richtig aktuelle Musik gab eh nur auf UKW. Da liefen abends brandneue Songs, die wirklich erst nachmittags ausgepackt wurden und ‚noch warm' waren. Radio-Djs reisten schon mal nach Amerika, um sich dort die neuesten Scheiben direkt zu besorgen. Es war die in der Rückschau immer verklärt-heile-gute-alte Zeit ohne Internet, iTunes und Live-Stream.

Ich war abends mit dem Kassettenrekorder zur Stelle. Zwei Chinch-Kabel zum Empfänger und immer genügend Leerkassetten im Vorrat, den DIN-A-4-Block zum Mitschreiben parat. So wurde einem nie langweilig.

Die Sendung beim Saarländischen Rundfunk hieß ‚Kraftpaket' und das war die Welt von Wolfgang Hellmann. Ein Hesse und ehemaliger Postmitarbeiter, der seine Liebe zur Musik zu seinem Beruf gemacht hatte, erst beim HR und dann in Saarbrücken. Das war kein Dampfradio hatte aber reichlich Feuer. Hellmann war ein cooler Typ mit betont sachlicher Sprechhaltung. Und wenn er seine Späße machte, dann nicht überdreht und radioformatiert wie in späteren Jahrzehnten, wo man plötzlich meinte, der Radiomann hätte dauerhaft zwei Finger in der Steckdose. Der staubtrockene Humor seiner wohlakzentuierten Sätzen machte allerdings mehr Laune, als alle hektischen Comediens der Neuzeit zusammen. Unzählige Kassetten mit Neueinsteigern habe ich zwischen meinem 13. und 17. Lebensjahr von seiner ‚Top 75' aufgenommen, dieser ersten amtlichen Hitparade im Radio. Hellmann hatte nämlich einen Exklusivvertrag mit ‚media control' in Baden-Baden, die zum ersten Mal eine errechnete Hitparade anhand von Verkaufszahlen erstellten, und er präsentierte deren wöchentliches Ranking im Radio.

Neue Musik zu hören war das eine. Meine zweite Leidenschaft hatte Hellmann mit seiner Sammlung an Instrumentaltiteln geweckt. Die Musikstücke, über die er moderierte, waren alle handverlesen, und so nur bei ihm zu hören oder gar allein in den USA erhältlich.
Da gab es die ‚Incredible Bongo Band', die mit treibenden grooves auf die Naturfelle hämmerte. Der ‚Bongo-Rock' oder ‚Bongolia' hatten nie eine Hitparade erreicht. Aber als Unterlegmusik für eben eine Chartsendung brachten sie ‚drive' und Schwung, dass alleine das Hören dieser Titel schon ein Highlight sein konnte. Ich sammelte per ‚Recordtaste' Takt für Takt und hoffte immer, dass am Ende der Sendung noch Zeit übrig sein würde, einmal eine ganze Minute davon zu hören und aufzuzeichnen.

Wenn ein Song gut aber gesungen war, wurde er nicht selten von Wolfgang Hellmann ,verinstrumentalt'. Aus "Our Song" von "Yes" hat er die wohl beste Erkennungsmelodie aller Zeiten geschnitten. Mr. Jingle spielte perfekt mit seinen Musiken, nutze an genau der richtigen Stelle eine Pause für seine Moderation. In Hellmann-Sendungen waren Worte und Musik taktgenau abgestimmt. So wollte ich später auch einmal Radio machen.

Zurückgenommen wie er sich im Radio anhörte, war Hellmann auch im wahren Leben. Mit 16 lief ich ihm bei einem Studiobesuch als nervender Fan zum ersten Mal über den Weg. Seine von mir mitgebrachte und noch unbeschriebene Autogrammkarte signierte er ohne große Worte und blieb so cool wie ich ihn aus den Lautsprechern kannte. ,Wow' das war WOLFGANG HELLMANN.

Jahre später war ich als Reporter und redaktionelle Hilfskraft im Zentrum meiner frühen Radio-Erinnerungen. Hellmann war der Musikchef, das Hit-Lexikon, das unerschöpfliche Archiv und der stille Arbeiter am Sound seiner Radiowelle. Doch die Zeiten waren plötzlich andere. Handgemachte Musikprogramme nicht mehr gefragt. Die Rotation der besten Hits sollte den Sendern ein unverwechselbares Profil geben. Der richtige Mix musste gefunden werden, im Programm sollten wirklich nur die bei den Hörern erfolgreichsten maximal dreihundert Titel laufen. Hellmanns Musikwissen und seine Repertoirekenntnisse waren nur noch zu 10 Prozent gefragt. Aber er nahm es gelassen.

Wolfgang, so cool und zurückhaltend er auch war, legte auf Titel und Sie keinen Wert. Es machte mich unglaublich stolz, meinen Radio-Helden von einst duzen zu dürfen und gerne besuchte ich sein Büro auf ein Fachgespräch.
Hellmann hatte genau genommen zwei ganz große Leidenschaften: Rock'n'Roll, d.h. Elvis und Komödianten. Seine Sammlung an Laurel-und-Hardy-Filmen erschein mir komplett, Jerry Lewis kannte er in- und auswendig und er war in nahezu allen Loriot-Sketchen äußerst textsicher.
Letzteres brachte ihn extrem lustig und gleichzeitig bierernst über ein von der Redaktion verpatztes Interview zu einer Sprengung an der Mosel. Ein Felsvorsprung sollte kontrolliert per Dynamit zum Absturz gebracht werden und man wollte den Sprengmeister ans Interviewtelefon holen, damit er über die Schwierigkeiten einer solchen Aktion informieren sollte. Keiner wusste hinterher wieso, aber es stellte sich erst live im Radio heraus, dass der vermeintliche Sprengmeister ein einfacher Feuerwehrmann ohne Sachkenntnis war. Hellmann aber brillierte als Moderator wie einst Vicco von Bülow im Gespräch mit dem Astronauten, der nur ein einfacher Büroangestellter war.

„Sie sind der Sprengmeister vor Ort ..."
„Nein"
„Nicht!"
„Nein, ich bin von der Feuerwehr"
„Ah ja! Dann haben Sie mit der Sprengung des Felsvorsprungs nichts zu tun"

„Nein"
„Nicht, ah ja! Und welches Dynamit da verwendet wird ..."
„... kann ich nicht sagen."
„nein, gut! ..."

So ging es weiter und wurde zu einer Sternstunde des Radios.

Über Wolfgang Hellmanns Kochkünste konnte man nur schwärmen, denn wie seine Erkennungsmelodien selbst geschnitten waren, so war sein Sauerbraten selbst eingelegt. Essenseinladungen zu ihm nach Hause nahm ich mit Stolz an.
So wurde eines Abends Hellmanns Sammlerglück in Sachen King of Rock'n'Roll erlebbar. Überfüllte Musikregale hatte ich schon einige gesehen, aber ganze Meter, die nur mit Elvis Presley Platten gefüllt waren noch nie.

Irgendwann kramte Hellmann in einer besonderen Schatzkiste: ein Polaroid kam zum Vorschein, unscharf verwackelt. Mit etwas Phantasie konnte man einen Menschenkopf erkennen, mit viel Doppelkinn, die Augen waren geschlossen. So hätte es aussehen können:

„Wer oder was ist das, Wolfgang?"
„Das ist der tote Elvis!"
„Komm Quatsch, Polaroids kann man nicht nachmachen, wie soll das sein?"
„Das ist auf dem Bild ist Elvis Presley!"

Die Geschichte dazu folgte: ein Graceland-Mitarbeiter, der den ‚King of Rock'n'Roll' an diesem unvergessenen 16. August 1977 leblos im Bad gefunden hatte, schoss umgehend und bevor jemand anderes vor Ort war eine Kassette Sofortbilder von seinem Chef. Nicht alle ergaben brauchbare Fotos und keines davon ist je an die Öffentlichkeit gelangt. Jahre später hatte Hellmann Graceland wie viele andere Touristen besucht. Er war mit dem Mann von damals ins Gespräch gekommen und dieser habe ihm irgendwann eines der Polaroids überlassen.

Hellmanns Schilderungen waren für mich einer dieser unvergesslichen Momente als Musikfan. Diese Geschichte war aberwitzig und hanebüchen. Andererseits gab es neben Wolfgang Hellmann keinen besseren Elvis-Experten in Deutschland, wenn nicht in Europa. Der beschrieb die Herkunft dieses unscharfen Fotos ebenso glaubwürdig wie nüchtern.

Ich war dann über viele Jahre Wolfgang Hellmanns Co-Moderator eines Comedy-Formats, der ‚Wenn schon Radio, dann diese Show" am Samstagnachmittag. Seine Pointen waren exakt vorüberlegt, seine Zuspieler und Töne aufwendig produziert. Da war sie wieder, diese unglaubliche Coolness. Mit unbewegter Mine machte er seine Späße. Wie Loriot ohne eine Miene zu verziehen das Wohnzimmer verwüstete, wie Laurel und Hardy sich den Finger ins Auge piksten oder ‚Kniechen Näschen Öhrchen' turnten, so agierte auch der Radiomann Hellmann.

Er war bekennender Nicht-Sportler, rauchte viel und trank Unmengen Cola. Um seine Blutgefäße stand es nicht zum Besten. Er starb mit nur 52 Jahren und mit ihm ein Stück handgemachtes und spannendes Radio. Er wurde schlagartig, im doppelten Wortsinn, aus dem Leben gerissen.

Freitags hatte er noch die Wochenend-Comedy-Show gewohnt akribisch vorbereitet. Tags darauf sollte es eine improvisierte Nachruf-Sendung auf ihn, das Radio-Idol vieler Hörer werden.

Die Internet-Seite www.wolfgang-hellmann.de erinnert an ihn. Von einem Fan ins Netz gestellt finden immer mal wieder ehemalige Fans und alte Freunde dorthin. Es zeigt, wie weit verbreitet Hellmanns Kraftpaket in den 80ern gehört wurde. In der damaligen DDR sowieso, aber auch im Ruhrgebiet, zu einer Zeit, wo man schon längst auf satten UKW-Sound setzte. Doch das schien vielen egal gewesen zu sein. Sie wollten Hellmann hören, auch verrauscht oder via Mittelwelle.

Auch aus der Szene kamen angenehme Erinnerungen:
Mit Radio-Urgestein Werner Reinke konnte ich mich per E-Mail austauschen, der bekannten Stimme vieler markanter Werbespots, wie Hotwheels oder Arcade-Platten. Reinke sendet bis heute beim Hessischen Rundfunk als einer der wenigen, bei dem sich Stars immer um einen Besuch im Studio rissen. Er schrieb am Ende eines Internet-Kontakts:

Noch ein schöner Hellmann-Spruch:

>*"Die Zeit: Ein mal vier. Nee, Entschuldigung, das war die Filtertüte!"*
>*Bis zur nächsten Sendung Alles Gute!*
>*Herzlichst Ihr*
>*Werner Reinke"*

SR-Kollege und ebenfalls Radio-Legende Manfred Sexauer schrieb:

Alle Verleihungen der „Goldenen Europa", die ich moderierte, entstanden in Zusammenarbeit mit Wolfgang Hellmann. Die Geburtstagsparty „Happy Birthday Europawelle" zum 25jährigen Jubiläum, war unser „Baby". Am schönsten aber waren die Abende vor Wolfgangs überdimensionalen Fernseher, besonders die, an denen es vorher seine „eingelegten Heringe" gab. Nie mehr habe ich bessere gegessen.

Wolfgang, wo immer Du bist, ich werde Dich nicht vergessen.

Dein Manfred Sexauer

Selbst Peter Maffay, der zur Trauerfeier einen Kranz mit einem persönlichen Gruß schickte fand im Internet knappe ,aber herzliche Worte:

Mit Wolfgang verband mich seine Liebe zu Elvis.

Das Polaroid von damals? Es war mir immer egal, ob es echt war oder irgendwoher stammte.

Die Vorstellung aber, dass Wolfgang Hellmann irgendwo mit dem King zusammen dessen Platten hört, gefällt mir sehr gut. Wahrscheinlich kann er Herrn Presley jeweils das exakte Aufnahmedatum, die Studiomusiker und die Chartplazierung in jedem Land nennen und ist somit für den Rock'n'Roller unverzichtbares Lexikon im Himmel.

Jan Hofer
mein erstes Radiowort
und die Folgen

Das ‚Radiomobil' des Saarländischen Rundfunks war ein verglaster, fünf auf drei Meter großer Wohnwagen mit einer Bühne davor. In den 1980er Jahren zog man damit über die Marktplätze im Sendegebiet. Das Radio kam zu den Leuten im Saarland und in meinem Fall auch in die Westpfalz nach Zweibrücken. Die Superbox war oft zu Gast und eines Tages fuhr ich hin, um mir den Mann, der mittags während der Hausaufgaben zu mir aus dem Kofferradio sprach einmal aus der Nähe zu sehen. Ich füllte vor der

Bühne einen Teilnahmezettel aus und wurde prompt für eine der Spielrunden ausgelost. So musste ich rauf, auf diese Bühne vor dem ,SR-Wohnwagen', mit ungefähr 13 Jahren. Ich hatte die Hosen voll und stammelte bei der Suche nach einer bestimmten Platte meinen Namen, die Glückzahl, mit der ich spielen wollte und brachte gerade noch heraus, dass ich den Jackpot, falls ich den gewinne, auf mein Sparbuch packen würde.

Jan Hofer, der damals meine Wortfetzen professionell und nett zu ganzen Sätzen ergänzte, ahnte damals noch nicht, dass er Jahre später Chefsprecher der Tagesschau werden würde, aber ich wusste nach meinem kurzen, aber wie ich fand, vielversprechenden Auftritt, dass ich auch mal beim Radio arbeiten wollte. Am nächsten Tag hatten nämlich fast alle Leute in meiner Klasse meinen klasse Auftritt gehört und das war ein unglaubliches Gefühl. Die Tatsache, eine, wenn auch ganz kleine Berühmtheit erlangt zu haben war dabei gar nicht wichtig. Ich hatte da in ein Dings mit langem Kabel dran gesprochen und überall im Umkreis meiner kleinen Welt im Kreis Pirmasens und sogar darüber hinaus hatte man es hören können: im Wohnzimmer, am Schreibtisch oder im Auto. Dieses Radio hatte eine ,supergeile' Technik! Mit der wollte ich später mal unbedingt arbeiten.

So begann meine Zeit als ambitionierter, wissbegieriger und manchmal nervtötender Radio-Fan. Ich sammelte die Erkennungsmelodien der Sendungen, rief beim Sender an, wenn ich eine Musikfrage hatte und bewarb mich ständig bei Spielen und für Studiobesuche. Ab und an hatten die SR-Profis Erbarmen, Bernd Duszynski erlaubte bisweilen

Besuch im ‚Gücksrad' oder bei ‚Hit mal mit', ich durfte in den Ferien bei Martin Arnhold und Volkmar Lodholz selbst die Schülerplatte ansagen und Ilona Christen hatte mich mehr als einmal als Kandidat in der ‚Halbzeit' an der Backe. Für Erinnerungsfotos durfte ich zumindest für Sekunden schon mal da Platz nehmen, wo ich später unbedingt regelmäßig hin wollte.

Papa fuhr mich geduldig jedes Mal zum Halberg nach Saarbrücken, wobei wir am Anfang noch im Dunkeln die Antennen von Halberg und Winterberg verwechselten und herumirrten. Und meine Fan-Kleidung war von Mama selbstgemalt. Der Mann im schicken Ballonseide-Blouson war übrigens auf dem Sprung zum ‚Zug nach Nirgendwo'.

Wencke Myhre – knallrotes Gummiboot mit großem Orchester

Ging es um die Hitliste von Wencke Myhre nannte man in meinem Umfeld sofort das ‚knallrote Gummiboot'. Diesen sinnfreien Gute-Laune-Schlager aus den 70ern musste das norwegische Energiebündel immer noch obligatorisch mit viel Schmackes und Augenrollen bei jeder Partymusiksendung zum Besten geben.

Meine erste Wencke Myhre Melodie war da viel gefühlvoller. Beim ersten Kinobesuch ganz alleine, trieb es zu An-

fang eine Flaschenpost über die Weltmeere, im Sturm wogte das grüne Glas mit einem Brief drin durch die schäumende Gischt, um im Abendrot und vor den Wolkenkratzern im Hintergrund schließlich New York zu erreichen. Dort landete die Botschaft bei der internationalen Rettungshilfsvereinigung. Wencke Myhre sang für ‚Bernard und Bianca – die Mäusepolizei' das sehnsüchtig, hilflose ‚Rettet mich'. Im Soundtrack des Disneytrickfilms präsentierte sie weitere Songs. ‚Schon morgen kommt ein neuer Tag' brachte das nagende Ermittlerduo auf dem Rücken des tollpatschigen Albatros Orville in Richtung Teufelssümpfe. Die Ballade ‚Jemand wartet auf dich' packte schließlich die Hoffung des Waisenkindes Penny auf eine eigenen Familie in gefühlvolle Worte.

Die Bernard und Bianca-Songs waren nie auf CD erschienen, ich hatte sie jedoch von einer gut erhaltenen Kinderhörspielplatte kopieren können und sie liefen dank dieser Quelle sogar gelegentlich im Radio. Die Interpretin meines ersten und unvergesslichen Kinoerlebnisses wollte ich unbedingt interviewen und forschte regelmäßig nach ihr im Internet. Irgendwann war Wencke Myhre im Ensemble der aktuellen Florian Silbereisen-Tournee, die auch in Saarbrücken gastieren sollte. Das Produktionsbüro dieser Musikshow ließ mich abblitzen. Interviews am Tag der Aufführung hatten keine Werbewirkung mehr und da wollte man mir auch nicht weiterhelfen. Einen Transfer vom Hotel könne man sowieso nicht organisieren und die Soundcheckzeiten seien streng einzuhalten. Das würde wohl nichts.

Über die Plattenfirma und das Management gelang es mir aber schließlich doch meine Anfrage direkt zur Künstlerin durchzubringen. Frau Myhre ließ ausrichten, dass sie sich gerne Zeit nehmen würde, man müsse sie nur abholen und anschließend rechtzeitig zur Saarlandhalle bringen.

Die Vorbereitung des Interviews schloss diesmal also das Aussaugen und Abstauben der Familienkutsche ein. Ich fuhr zudem durch die Waschanlage, denn nicht alle Tage durfte ich einen Weltstar fahren.

Wencke Myhres neues Album war eine Live-CD mit großer Band, tollen Chören und feinen Arrangements. Und als musikalischer Leiter zeichnete ihr Lebensgefährte, der Schwede Anders Eljas verantwortlich. Diesen Namen hatte ich doch schon mal auf einer CD gelesen?

Es dämmerte langsam und ich fand ihn wieder als Arrangeur und Dirigent für das Musical ‚Chess' der beiden ABBA-Jungs Benny und Björn. Ich studierte seinen Lebenslauf und fand ihn als Keyborder der ABBA-Band wieder, der mit den Superschweden auch live um die Welt gezogen war. Schließlich war Anders Eljas für die Theaterprojekte von Benny und Björn aktiv gewesen und hatte deren Kompositionen sogar mit angesagten skandinavischen Symphonieorchestern aufgeführt. Deren Aufnahmen hatte ich mir als Musicalfan selbst aus Schweden importiert und rauf und runter gehört.

Das war ja ein Ding! Vielleicht würde ich von Frau Myhre auch ein paar ABBA-Anekdoten erfahren.

Das Leben eines Stars auf Tournee entpuppte sich als weniger glamourös als gedacht. Wencke bewohnte keinesfalls eine Suite im ersten Haus am Platz. Das Businesshotel im Industriegebiet war Etappenziel der Silbereisen-Tournee. Lange Beine des MDR-Fernsehballetts vertraten sich auf dem

Parkplatz ebendiese und bei meiner Ankunft zehn Minuten vor der verabredeten Zeit warte sie bereits mit gepackter Bühnentasche in der Lobby. Die Fahrt quer durch die Stadt war ein spannender Austausch über Live-Musik, Tourneeaufwand, Billig-Produktionen und große Orchesterarrangements. Wencke Myhre war seit Jahrzehnten im Geschäft, erzählte von erfolgreichen Weihnachtskonzerten mit dem Göteborger Symphonieorchester in ihrer Heimat, von mittlerweile kleinen CD-Budgets der Plattenfirmen und der guten alten Zeit, wo man noch eine ganze Woche an einer Fernsehshow feilen konnte, bis alles perfekt war. Heutzutage gäbe es nur mehr Playbackshows. Das sei schade, weil man ja auch anders könnte, aber nicht zu ändern.

Benny und Björn kenne sie natürlich, die hätten mit ihrem Anders tolle Sachen gemacht. Einige skandinavische Musical-Stars kannte ich, hatte ihre CDs gehört und so war es ein herrliches Fachsimpeln. Myhre war z.B. mit Tommy Körberg, dem bärenstarken ‚Chess'-Tenor und meiner Lieblingsmännermusicalstimme aller Zeiten persönlich bekannt.

Die Interviewaufzeichnung im Studio war ebenso entspannt wie die Autofahrt begonnen hatte. Sprachen wären hoch droben im Norden keine Schwierigkeit. Ihr erster Mann sei Däne gewesen, Anders Eljas sei Schwede, da könne man satzweise prima hin und herschwenken. Im Flieger sei das immer lustig, da spreche sie oft norwegisch mit der Stewardess, um gleich mit dem Sitznachbar weiter auf schwedisch zu reden.

Auch musikalisch hatte es einen großen Austausch gegeben. Gittes ‚ich will 'nen Cowboy als Mann' war nämlich mit Wencke auf norwegisch ein ebenso großer Hit gewesen.

Sie schwärmte von ihrem Heim am Fjord, den Enkelkindern, die längst nicht mehr auf zwei Knie (nicht die von Joe!) passten. Sie würde alle auf dem Esstisch aufreihen und vorlesen. Oma sein wäre herrlich! Auch ‚Bernard und Bianca' sehe sie mit den Kindern jetzt wieder, die norwegische Version habe damals aber jemand anders synchronisiert.

Das Showenergiebündel hatte viele Geschichten von fern ab der Bühne zu erzählen. Vier Kinder und das Showgeschäft unter einen Hut zu bringen sei eine Aufgabe gewesen, die sie gerne bewältigt habe. Sie habe sich aber auch dann auf Europa beschränkt. Angebote aus Amerika z.B. zur ‚Ed Sullivan Show' habe es früh gegeben, aber die hätte sie abgelehnt. Wencke schwärmte von Peter Alexander und ihrer Rolle als Mary Poppins in dessen Disneyworld Spezial 1976 aus Florida. In einem Vergnügungspark zu arbeiten sei gewesen, wie als Kind im Süßwarenladen sein zu dürfen.

Im Auto zurück zur Saarlandhalle überreichte ich zur großen Freude der Künstlerin CD-Kopien ihrer Disney-Vergangenheit, den Bernard und Bianca-Soundtrack und die Peter-Alexander-Aufnahmen. Außerdem überlegten wir zusammen an einem einzigartigen Konzertereignis im Saarland:

Der bereits erwähnte Tommy Körberg war noch nie in Deutschland aufgetreten und wäre sicher für einen Auftritt als ‚Special Guest' zu begeistern. Anders Eljas habe Arrangements für nahezu jede Besetzung daheim im Schrank liegen und ein symphonischer Wecke-Myhre-Konzert-Abend mit klassischem Orchester gebildet aus hiesigen Musikern wäre denkbar. Sie, Anders und Tommy kämen eingeflogen, würden einmal proben und dann live auftreten, das würde sicher gehen. Wir tauschten Telefonnummern aus und behielten das Projekt voller Elan im Auge.

Ich rief Wencke Myhre in den Wochen und Monaten danach öfter an, erreichte sie am Handy mal auf dem Fischmarkt beim Einkaufen oder hinter irgendeiner Bühne. Wir kalkulierten Gagen und sprachen über Proben mit Musikern. Am Ende lagen Zahlen und konkrete Planungen auf dem Tisch. Es gab sogar ein großes Symphonieorchester, das sich für die ‚Mucke' mit einer Unterhaltungsmusikerin nicht zu schade war. Auch eine saarländische Rhythmusgruppe war für den nötigen Rockwumms gefunden. Diese ‚Night-of-the-Proms'-ähnliche Show war also vorgeplant und bereit.

Zwei Gründe ließen den Traum aber vor der endgültigen Terminierung platzen. Bei den potentiellen Veranstaltern und Sponsoren einer solchen Kulturoffensive schwebte sofort das ‚knallrote Gummiboot' durch die Köpfe und zu einer vermeintlichen Schlagershow fehlte der Mumm für das finanzielle Wagnis. Wenckes Brustkrebsdiagnose legte dann alle Projekte auf unbestimmte Zeit auf Eis.

Peter Millowitsch –
der fröhliche Zirkusdirektor

Ob ‚Schnaps' sein letztes Wort war, darf bezweifelt werden, aber 1999 starb das kölsche Urgestein Willi Millowitsch im gesegneten Alter von 90 Jahren. In Bronze gegossen sitzt er mittlerweile für die Ewigkeit auf dem Ei-
senmarkt in der Nähe des Rheins auf einer Bank und ist
den Kölnern und der Welt Denkmal für Frohsinn, saftiges
Volkstheater und publikumsnahe Unterhaltung. Der Etap-
penhase hatte zeitlebens das perfekte Timing für Komik,
Grimassen und Pointen. Und der Willi war ein Familien-

oberhaupt, das sagte wo es lang ging, war ein Theaterchef und Schwänke-Intendant mit großer Autorität.

Sein Sohn Peter Millowitsch musste nach dem Tod des ‚Überkölners' ein schweres Erbe antreten und führte das traditionsreiche Familienunternehmen in die nächste und vermeintlich letzte Generation.
Der Spielbetrieb im heimischen 430 Zuschauer fassenden Millowitsch-Theater lohnte sich ganzjährig nicht mehr. Besonders im Sommer, so der Erbe Peter, müsste man in der Aachener Straße schon ‚Das letzte Abendmahl' in Originalbesetzung zur Aufführung bringen, um gute Besucherzahlen zu haben. Also war das Ensemble des Millowitsch-Theaters immer mal wieder auf Gastspielreise in der Provinz und bisweilen auch im Saarland.
Den letzten großen Millowitsch wollte ich kennenlernen und ich fragte bei einem dieser Auftritte den örtlichen Veranstalter in Merzig, ob der Chef nicht am Nachmittag vor der Aufführung ins Studio kommen wollte. Er hatte Lust und so freute ich mich auf eine bestimmt interessante und heitere Sendung.
Bereits eine Stunde früher als verabredet stand Peter Millowitsch in der Studiotür. Das Ensemble sei mit dem Bus noch unterwegs. Er aber fahre mit dem eigenen Wagen, weil er immer noch einige Sachen alleine zu erledigen habe. Außerdem sei jetzt Zeit, mal in Ruhe zu lesen. Er würde schon mal Platz nehmen und nicht stören. Sprach's und schlug die dicke Tageszeitung vor sich auf dem Studiotisch auf.
‚Toll' dachte ich, endlich einmal nicht dieses schnelle ‚Hopplahopp' anderer Promotion-Interviews, wo der Künstler aufgrund eines engen Zeitplans höchstens fünf Minu-

ten früher aufschlug und direkt nach der Verabschiedung im Radio vom Tournee-Begleiter wieder abgeholt wurde. Vielleicht könnte ich mit Millowitsch ein bisschen plaudern, aber erst einmal sollte er Zeitung lesen dürfen.

Die Regie stellte mir für die SR 3 Superbox einen nach dem anderen Kandidaten in die Sendung und ich notierte am Rechner anschließend die gespielten Musiken für den Ablaufplan. Plötzlich sah Millowitsch von der Zeitung auf, beäugte kritisch den PC und fragte: „wie juut is denn ihr Computer da?"
„Wie, gut, was meinen Sie?"
„Na, isch mein, finden Sie da drin Mussig? Auch Ausjefallenes?"
„Das is unser Archivsystem, da ist Einiges drin!"
„Jutt, et jibbt eine Chanson von Jaques Dutronc, der heißt ‚Paris s'éveille' – ‚Paris erwache' und davon hab isch mal ne deutsche Version jehüürt, weiß aber nich wer dat wohr, steht dat bei Ihne do drin?"
Ich recherchierte: Dutronc – Komponist, deutsch ... und schon kam eine CD-Nummer und er Titel "Berlin erwacht" von Bob Telden.
„Ja das gibt's, nicht mehr im Handel, aber das haben wir auf CD im Archiv!- hätten Sie die gerne, Herr Millowitsch?"
„Na dat wäre ein schönes Honorar für mein Interview jeleich!"
Ich ließ den Grundsatz ‚Copy kills music' für einen Augenblick beiseite: Schließlich war es eine Arbeitskopie für einen Künstler. Nebenan langweilte sich ein Praktikant und so wurde der ins CD-Magazin zur Ausleihe und anschließend mit einem Rohling zum Brenner geschickt. Millowitsch nickte anerkennend.

Seine dicke Zeitung war bald Nebensache und wir plauderten über Theatersubventionen und dass das Millowitsch-Theater keine bekam. Es wurden gemeinsame Bekannte in Köln abgeglichen und gefunden, schließlich über Gott und die Welt gesprochen.

Vor mir saß alles andere als ein verkopfter Theatermann, nicht mal ein Hauch von grüblerisch oder verschroben. Millowitsch war ein hemdsärmeliger Praktiker, ein Zirkusdirektor, der mit Geschick und Organisationstalent ein traditionsreiches Familienunternehmen leitete, dessen Wurzeln bis ins 19. Jahrhundert reichten:
Die Millowitschs hatten an der Deutzer Schiffsbrücke die Leute mit Stockpuppen unterhalten, um deren Wartezeiten zu verkürzen, bis die Lastkähne vorbei waren und der Weg auf die andere Rheinseite wieder freigegeben werden konnte. Auch in Kriegszeiten und schweren Krisen hatten die Millowitschs überlebt und ihre Volksbelustigung aufrecht erhalten können. Sicher nicht immer ohne Not. Und so lag dem aktuellen Theaterchef eine gewisse Schaustellermentalität im Blut, die ihn immer schön aus dem Elfenbeinturm der feinen Kunst rausgehalten hatte. Publikumslacher, aber aus einem gefüllten Saal heraus, das war entscheidend.

Millowitsch jr. hatte in den 70er Jahren in diversen Quatschfilmen mit gespielt. Viele seiner Kollegen wollten an den Rudi-Carell-Klamauk, die Roy-Black-Schnulze oder den Heintje-Schmonzes nicht mehr gerne erinnert werden. Nicht so der Kölner Volksschauspieler: „So ein Blödsinn, dat wohr doch eine kostenlose Ausbildung für Kameraführung und Kinoproduktion, do han andere vill Jeld führ bezahlt, und isch hab da mitjespillt, zujeschaut, affjeschaut und jelernt. Ich wäre doch blöd jewesen, wenn ich su ne Chance nit jenutzt hätte!" Da war er wieder das sparsame Kirmesoberhaupt, der Manegenpate. Wie wenn er eben mal schnell fünf Ballen Heu für die Elefanten organisiert hätte.

Bald darauf fragte er, wo eine günstige Tankstelle in der Nähe sei und dann noch: „Warum jibbet denn dat Biodiesel nit mehr?"

„Ich glaub es war nicht optimal für die Motoren?"

„Quatsch dat wohr jutt, isch han dat immer jetank' un et wohr vill billijer."

Ich mochte diesen pragmatischen ehrlichen und geschäftstüchtigen Theatermacher ohne ‚Hurz' und Elitedenken.

Ja, man könnte verzweifeln, wenn man an die Zukunft dachte, gab er im Interview zu. Er und seine Frau hätten keine Kinder und von seinen Geschwistern hätte keiner Interesse, das Familien-Theater weiterzuführen. Daran dürfe er aber momentan nicht denken, sonst werde er schwermütig. Deshalb werde fröhlich weitergespielt, so lange es eben ginge.

Die Stunde verflog geradezu, Millowitsch und ich verstanden uns prima. Wie man eben nach dem ersten Kennenlernen innerhalb einer ersten Begegnung manchmal gut miteinander klar kommt. Seine ‚Berlin erwacht'-CD war fertig und er fröhlich.

Ich wollte noch ein bisschen Theaterluft im Studio schnuppern. Die Sendung war ja vorbereitet und lief so nebenbei routiniert ab. Schnell eine neue Musik abgefahren und wir erzählten weiter.

Millowitsch sah mich irgendwann an und schaute zum Mischpult. „Dat darf ma ja keinem erzählen?"

„Was?"

„Na wie Sie dat alles so nebenbei machen. Zack – zwei Knöppe und fertich simmer am schwaden, dat darf ma keinem erzählen. Im Theater isset ja bei mir jenauso. Bin isch hinter der Bühne, am erzählen, erzählen, erzählen. Dann is mein Auftritt. Dann jeh ich raus, mach mein Ding und dann sitz' ich wieder hinten und unterhalte misch mit da andere, dat darf ma keinem erzählen!"

Natürlich nicht, niemandem!

Rolf Zuckowski – der Weihnachtsbäckerei entgeht niemand

Als Kind gab es für mich noch keine Rolf Zuckowski-Lieder. Die ersten Hits der Freunde um den fröhlichen Hamburger in Latzhose drangen erst an mein Teenager-Ohr und ließen mich relativ unbeeindruckt. ‚Du da im Radio' oder ‚Ganz doll mich', letzteres die Kinderversion eines Lechtenbrink-Erfolges, waren für mich harmlos bis nervige Liedelein von altgescheiten Zwergen und einem Grinsemann an der Gitarre. Aber auch wenn es lange dauerte, irgendwann klang auch bei uns der Adventsohrwurm durchs Haus, wo „zwischen

Mehl und Milch so mancher Knilch eine riesengroße Kleckerei" machte. Die Weihnachtsbäckerei sorgte bei jedem für Teigreste auf den Fliesen und Puderzucker im Haar. Den Zuckowski Ohrwürmern war nicht zu entkommen und das war schließlich auch gut so. Ich fügte mich in mein Schicksal und grinste mit und freute mich schließlich über erste eigene Plätzchen-Backerfolge mit dem Junior.

Der Mann in der Latzhose war älter geworden. Zum 60. Geburtstag konnte er zufrieden auf ein erfülltes Musikerleben zurückblicken. Dank seiner Kinderlieder war es schon mal vorgekommen, dass eine Dame hinter der Bäckereitheke hervorgeprescht kam und fragte, ob sie den Urheber ihrer schönsten Familienmusikerinnerungen einmal umarmen dürfte. Er hatte sich auf ewig in zigtausende Kinder- und Elternherzen gesungen. Zuckowski hatte seine Familie zur Musiker-Dynastie gemacht. Neben seinen eigenen Erfolgen sang mittlerweile Tochter Anuschka ihre eigenen Solo-Songs und Sohn Alexander war längst angesagter Produzent und Songschreiber im Dunstkreis von Frank Ramond. Z.B. hatte er Annett Louisan in die Hitparade gebracht. Was die Hörbigers für die Schauspielzunft waren, das waren die Zuckowskis für die Pop-Musik.

Rolf, der freundliche Seniorchef des Clans kam gerne nach Saarbrücken. Hier war er über die Jahre immer im Radio gespielt worden. Auch seine Lieder für Erwachsene waren im Saarland angekommen, und die Zuckowski-Kinder waren auch längst fester Bestandteil der Musikprogramme. Es gab viel zu besprechen und mit hanseatischer Zurückhaltung freute sich Rolf auf einen Spaziergang durch sein Künstlerleben.

Er war stolz darauf aus Liverpool, der Stadt der Beatles, zu stammen und erzählte bilderreich und ausführlich von seinen Anfängen. Leicht war es nicht gewesen für die kleine Familie. Der Papa war Seemann gewesen und meist unterwegs. Er kam mit dem Leben an Land nicht klar und beging Selbstmord. Trotzdem hatte der Vater eine Lebensweisheit, die sich Klein-Rolf merken wollte: „Kleine Leute sind nicht dazu da, die Großen am Arsch zu lecken". Obwohl er nicht mit überragender Körpergröße gesegnet war, ging Rolf seinen Weg. Erst mit der Rockmusik, ‚the Beathovens' waren angesagt und spielten sogar im Starclub. Leider übertrieb es der Gitarrist mit allzu langen Soloeinlagen, man verkrachte sich, sogar auf der Bühne und nach der ersten Platte fiel die Nachwuchstruppe in sich zusammen.

Längst war Zuckowski kein Rocker mehr, aber die Erinnerung daran gefiel ihm. Die Platte von damals war nicht weit über die Grenzen Hamburgs hinausgekommen, er hatte natürlich noch eine und versprach, das Tondokument und die einzige Single ‚happy to be happy' nach Saarbrücken zu schicken.
Überhaupt, das Interview wurde ausführlicher und ausführlicher. Es reihte sich Anekdote an Ankedote: sein trockenes BWL-Studium habe ihm viel geholfen und so sei er auch erst hinter den Kulissen eines großen Hamburger Musikverlages gelandet und hätte das Showgeschäft nicht von der Show, sondern der Geschäftsseite kennengelernt. Das sei ungeheuer lehrreich gewesen.

Seine Zeit als Komponist und Produzent brachte ihn herum und auch zum Grand Prix. Beim Liederwettbewerb in Tel Aviv war Zuckowski mit dem Schweitzer Trio ‚Peter, Sue und Marc' am Start. Sie hatten für ihren Beitrag ‚Trödler und Co' die Gruppe ‚Pfuri, Gorps und Kniri' dabei, die traditionell auf aus Müll gefertigten Instrumenten spielten. Der israelische Zoll hätte lange Befragungen und Kontrollen durchgeführt, bis er Müllsäcke und Papptonnen als Gepäck anerkannt habe, mit dem man habe Musik machen wollen.

Ein großer Teil des Interviews drehte sich natürlich um seine Kinderlieder. Neben seinem Sohn und seiner Tochter hätten viele als Erwachsene den Übergang ins Musikgeschäft geschafft. Kinder hätten instinktiv ein gutes Gespür für Melodien und es sei nicht selten passiert, dass er sich den Song komplizierter ausgedacht hatte. Seine kleinen Freunde hätten aber schließlich für die eingängigere Endfassung gesorgt.

Dann landeten wir bei den exzellenten Tipps des Experten, wann denn die kindliche Musikerziehung beginnen sollte. Vom gemeinsamen Singen über erste Rhythmusübungen bis zum Wechsel auf ein Blasinstrument wie Trompete nicht vor neun Jahren, wenn die Lippen das packen. Rolf war in Fahrt und erzählte bis ihm schwindelig wurde. Wirklich! 45 Minuten sollte unser Gespräch dauern. Am Ende waren es fast eineinhalb Stunden, der Mund franselig und der Künstler erst einmal erschöpft. Jede Anekdote und jeder Tipp war es wert gewesen.

Zuckowski rieb sich die Augen und meinte, so viel habe er seit Jahren nicht mehr geredet. Für die Radiosendung war dies fast zuviel. Kurz darauf bat er um die Freigabe unseres Gesprächs, um in einem hörbaren Internet-Blog thematisch geordnet alles veröffentlichen zu dürfen. Rolf Zuckowskis Musik-Tipps und Lebenserinnerungen wurden auf den Server gepackt und waren für die Nachwelt und zum Nachhören gesichert.

Nur eine Antwort blieb er schuldig. Ich wollte wissen, ob ihn, den singenden Papa der Nation, nicht auch einmal der heilige Zorn gepackt habe. Für jeden Vater gab es doch Momente, in denen er seinen Nachwuchs hätte an die Wand donnern mögen, wo einem die Schreierei im Haus mächtig auf den Senkel ging, oder wo, wenn jeder der Süßen machte was er wollte, einem der Kamm schwellen konnte. Auch Zuckowski musste solche Momente gehabt haben und vielleicht würde er auch davon erzählen. Doch nein, Rolf hatte offenbar nie die Contenance verloren, zumindest gab er es nicht zu. Man müsse manchmal stark und tapfer sein, aber das würde schon immer gelingen, wenn man sich im Griff habe. So wischte er lächelnd die Frage nach Fernsehverbot, Machtworten und Faust auf dem Tisch hinfort.

Ich glaubte es nicht ganz und frage ihn beim nächsten Treffen noch mal. Direkt und geradeaus:
"Andere Väter und ich haben die Erfahrung gemacht. Es gibt Momente, da möchte man die lieben Kleinen erwürgen, und manchmal geht das Überdruckventil los und man wird laut. Wie ist Rolf gewesen, wenn er darum bitten musste, das der Krach im Kinderzimmer jetzt leiser wird oder etwas schlimmes passiert?"
Wieder lächelte er das gütige Kinderliedermacherlächeln. Würde er einen eigenen Ausraster zugeben?
"Ja, ich glaub wie jeder Vater." Ah also doch, auch er! Doch schon gleich der nächste Halbsatz schwenkte wieder ins übergroße Verständnis: "man muss dann einfach gucken,

wie krieg ich mich selbst jetzt in den Griff, denn das ist ja die eigentliche Aufgabe. Er könne dann oft singen und dem Kind die Gitarre geben und sagen - ‚jetzt darfst du mal spielen'."

Wow! War der Mann stark. Er hatte offenbar Nerven wie Bandnudeln. Ich wusste, dass ich diese dauerhafte Sanftmut nicht hinbekommen würde.

Der Humor der Ersten Allgemeinen Verunsicherung war nie jedermanns Sache. Ich fuhr aber immer voll darauf ab.

Bitterböse Reime hatte die Comedytruppe zu bieten. Das klang doch so herrlich locker, wenn es wie bei ‚Burli' um eine behindertes Kind nach einem Atomunfall ging. Es konnten auch nur Österreicher ein Lied über einen Triebtäter schreiben, der den Damen an die Hälse wollte, um sie zu erdrosseln. Und so reimte es sich in ‚Der Würger' folgendermaßen:

Es ist ein leichtes Mädchen die Gewerbe-Burgl
Er sieht im fahlen Mondlicht ihre herbe Gurgel
Er sagt zur Burgel: „Bitte, lass mich an deinen Hals
Was immer es auch kostet, ich bezahl's."
Das sagt die Burgel: „leider, heut geht nichts mit würgen.
Ich muss noch zu an Kunden
Vielleicht probierst es mürgen."

Die EAV legten den Finger ans Zwerchfell und in die Wunde bei nahezu allen zwischenmenschlichen Schwächen. Wo die Schlagerfreunde immer leutselig und platt die Freundschaft beträllerten, sangen die bösen Buben aus der Alpenrepublik dieses:

Wahre Freunde die sind wie Eichen
Sie geben dir Kraft, sie geben dir Halt
Wahre Freunde, die nie entweichen
Wie ein Furz im Fichtenwald.
Geht's dir gut dann sind sie da
wie die Fliegen am Pissoir
Ein Freund, ein echter Freund
was ist nur damit gemeint
Ist das der, der sich vertschüsst,
wenn du nicht grad oben bist
und temporär den Gullideckel küsst?

Dieser mitunter schwarze Flatulenzhumor kam mir immer zupass und ließ mich wohlig vor Lachen erbeben.

Manchmal wünschte ich mir, dass zu Trauerfeiern einmal EAV gespielt werden würde:

Ja, das Leben das ist kurz
Im Grund genommen nur ein Furz
Du darfst kurz stinken und schon heißt es ‚Good Bye!'
Ist erst der Sargdeckel zu,
bist vergessen du im Nu.
Vergessen, vorüber und vorbei.

Die Erfolgkurve der EAV verlief über die Jahre ähnlich wie im Lied über die Freunde. Mit reinen Jux-Nummern erklomm die Truppe um die beiden Kreativ-Köpfe Klaus Eberhartinger und Tom Spitzer Ende der 80er Jahre die Hitparaden, und dies auch außerhalb der Fastnachtszeit und jenseits Österreichs. ‚Ba-Ba-Banküberfall', ‚Küss die Hand schöne Frau', ‚An der Copacabana' - das waren große Hits, die entsprechend für ausverkaufte große Konzerthallen im gesamten deutschsprachigen Raum sorgten.

In dieser Zeit kam es zur ersten Begegnung. In der Garderobe der ZDF-Drehscheibe auf dem Mainzer Lerchenberg traf ich Spitzer und Eberhartinger zum ersten Mal zu einem Radiointerview.

Der geniale Wortschöpfer und Stromgitarrero Spitzer daddelte lustlos an seiner Fender Stratocaster. Als ich mich als Reporter des Bundeswehrsenders ‚Radio Andernach' vorstellte verfinsterte sich umgehend sein Blick. „Na, mit Uniformen red i net, des is da Prinzip, duat ma leid." Sprach's und schwieg!

Eberhartinger sah in meine traurigen Fan-Augen und hatte Erbarmen und auch viel mehr Toleranz.
So redeten wir halt alleine und ich wurde nicht enttäuscht.
Zu den pointierten EAV-Texten kamen ebenso schlagfertige wie witzige Interview-Sätze: ja man sei bös, raunzte Klaus heiter, es gäbe aber viel härtere Vorbilder aus Wien, denn wenn man Qualtingers ‚Krüppellied‘ hernehme, oder Kreislers ‚Tauben vergiften‘, dann seien die Songs der EAV doch eigentlich nur großer Jokus.

Auf die Frage, wer sich diese schrägen aber schwarzhumorig treffenden Reime ausdenke, verwies Eberhartinger auf seinen genialen Pointendichter Spitzer, der ein bisschen wie ein beleidigter Bub im Spielkasten mit der Gitarre weiter in der Ecke daddelte und nach unten sah.

Viele Treffen sollten in Saarbrücken folgen. Befreit von der ‚Last der Armeezugehörigkeit‘ gab es später keine ideologische Kluft mehr zwischen mir und dem EAV-Texter Spitzer. Ich wusste jedoch, was ich an Eberhartinger hatte und welch‘ geschliffenen Statements er mir ins Mikrofon ätzen konnte. Ich brauchte den Mafiaschnauzbart mit langen schwarzen Haaren nicht mehr.

Die Hochzeit der Alpen-Comediens sollte noch eine Weile andauern und so trafen wir uns schon einmal im Wellnessbereich des ersten Hotels am Platz in Saarbrücken. Eberhartingers Angebot, das Interview doch in der Dampfsauna drin zu führen, lehnte ich ab. Das vom SR geliehene Kassettengerät hätte Schaden nehmen können. Obwohl, es hätten sich vielleicht in der Hitze und textilfrei andere Themenfelder erschließen können. Wie dem auch sei. Eberhartinger kam wie Udo Jürgens in weißes Frottee gehüllt in den Ruhebereich und plauderte entspannt.

Wenige Jahre später sah ich meine Helden beim SR-Schülerferienfest auf der Bühne. Mit einem 20-Minuten-Medley ihrer großen Hits, ständig wechselnden Kostümen und Schaumgummirequisiten. Doch die Kids der nächsten Generation konnten mit der Ösi-Ironie nichts mehr anfangen. Die Festivalwiese lehrte sich rasch und ich stand betreten da, lauschte den bösen Geschichten meiner Helden und litt mit.

Bald darauf schrumpfte sich die EAV für den Kehraus gesund um lange Zeit nur noch in ihrer Heimat Austria mit der Popwelt mithalten zu können. Eberhartinger und Spitzer wanderten schließlich über weite Teile des Jahres nach Kenia aus. Trotzdem gab es regelmäßig CDs, die ich mir lückenlos besorgte. Im Gesamtwerk der Band blieb ich textsicher.

Viele Kurzinterviews hatte ich mit Klaus Eberhartinger geführt, aber für eine große Sendung war nie Gelegenheit gewesen. Eines Tages sollte es soweit sein. Der EAV-Sänger hatte sich in seiner Heimat als TV-Moderator ein weiteres Standbein erarbeitet, als Buch lag seine Biografie ,Sex, Lachs und Rock'n'Roll' vor und es gab ein neues EAV-Album. Die Sendereise machte schließlich wieder einmal den Schlenker über Saarbrücken. Ich hatte der Plattenfirma versprochen, dass sich der Umweg lohnen würde und in der Redaktion versichert, dass auch bei einem Star von einst die Gagdichte unglaublich sein würde.

Eberhartinger kam, blond, schlank, mit dem Schalk im Blick wie ehedem und mit schneller Wiener Schnauze. Trotz seiner sportlichen Figur esse er am liebsten Schnitzel, Knödel und sahnig-sämiges und verdaue es zudem meisterlich, das war die spontane Antwort auf die Frage nach dem werten Befinden. Herrlich! Das ließ sich gut an.

Seine Zunge, die neben der Nahrungsaufnahme die absurdesten Silbenmontagen ohne Holperer rhythmisch und akkurat formen konnte, habe er schon als Kind geschult. Tierstimmen seien sein Hobby gewesen und er habe mit seinem Krähen Hähne zur Weißglut gebracht und gerne Hunde mit seinem Bellen und Jaulen verwirrt.

Auch seine ernste und private Seite öffnete Klaus Eberhartinger. Kenia sei für ihn nicht nur der weiße Strand und die Palmen: schon als Student war er mit einem klapprigen Landrover quer über den Kontinent gefahren und habe sein Herz an Afrika verloren.

Wenn bei ‚Jambo, furt is er der Rambo', oder ‚Ist der Massa gut bei Kassa' durchaus klamaukig das Thema Entwicklungshilfe behandelt worden wäre, so sei er selbst doch froh, mit kleiner finanzieller Unterstützung Menschen gerettet zu haben, die wegen medizinischer Lächerlichkeiten sonst hätten sterben müssen. Auch mache ihn stolz, dass einige seiner afrikanischen Patenkinder kurz vor dem Universitätsabschluss stünden, das aus einem Umfeld heraus, wo normalerweise nicht einmal eine einfache Schulausbildung möglich gewesen wäre. Helfen sei so einfach, lächelte er bescheiden.

Seitdem habe auch ich ein Patenkind in Schwarzafrika. Mich fasziniert dabei die Tatsache, dass ein Spaßmacher mit den übelsten Furzwitzen mich dazu gebracht hat und nicht einer der vielen engagierten und eindringlichen Interview-Appelle in Service- und Sondersendungen über viele Jahre.

Peter Kraus – Sugar Baby und Heinz Rühmann

Für immer in Jeans – das ist Peter Kraus.

Er war in den 50ern das Idol der deutschen Rock'n'Roll-Fans und ist es geblieben. Das Markenzeichen, ‚deutscher Elvis' teilte sich Kraus mit seinem Kollegen Ted Herold und beide sahen auch als gestandene Herren immer noch so gut aus, dass der Hüftschwung nicht peinlich wirkte.
Mit Ted Herold habe ich einmal für ein kurzes Radio-Interview telefoniert. Ich erlebte dabei einen eher desillusionierten Musiker, der mit seinen aktuellen Projekten scheinbar gar nicht durchstarten wollte. Resigniert und irgendwie müde gab er zu, seine Fans wollten immer noch am liebsten ‚Moonlight' und die früheren Hits hören und das spiele er halt immer noch am erfolgreichsten. Dabei waren Herolds jüngere Produktionen wie ‚Klassentreffen' oder ‚Mrs. Flintstone' durchaus kerniger handgespielter Rock'n'Roll. Er wirkte, als habe er abgeschlossen und konserviere sich nur noch.

Peter Kraus hatte in seinen reifen Jahren viel mehr Feuer im immer noch knackigen Hintern. Kraus hatte eine kleine akustische Band um sich geschart und spielte auf seinen Tourneen den Sound der 50er. Mal interpretierte er die großen Hits auf Englisch. Sein Credo lautet dann, echter Rock'n'Roll könnte nicht deutsch gesungen werden, und er mochte so nah dran am Original sein wie nur möglich.

Seine nächste CD enthielt von ihm selbst übersetzte und neu eingespielte Klassiker. Auf die Frage, wieso er jetzt doch wieder deutsch singe, winkte er lächelnd ab, zitierte Adenauer und das ‚Geschwätz von damals' und sprach von einem Rock'n'Roll-Lebensgefühl, das keine Sprache brauche. So bot er immer wieder etwas Neues.

Peter Kraus war auf alle Fälle ein alter und erfahrener Showhase. Er hatte schon als Kind und Jugendlicher Kinoerfolge gefeiert, bildete mit Conny Froboess das umjubelte Traumpaar der frühen 60er und war über die Jahre in nahezu jeder Fernsehshow und Radiosendung aufgetreten. Man konnte Peter Kraus nichts vormachen und er erwartete auch nicht allzu viel, als er eines Nachmittags für eine Stunde Live-Interview im Studio erschien.

Bei Künstlern, die schon Jahrzehnte am Start sind, gehen Fragerinteresse und die eigene Lust am Erzählen meist in verschiedene Richtungen. Die Legende gibt Interviews, um seine gerade laufende Tournee zu bewerben oder eine neue CD, um die sich natürlich längst keine kreischenden Teenies mehr reißen. Das weiß auch der Interviewer, der aber natürlich gerne mit Anekdoten von früher für nostalgische Momente bei den Hörern sorgen will. Meist funktionierte meine Interview-Balance zwischen alt und neu gut und auch Peter Kraus wusste schnell, dass er mit Heinz Rühmann-Kino und Conny auch bei mir noch mal ran musste.

In Sachen akustische Instrumente für ein Original Rock'n' Roll-Programm tauschen wir uns aus. Kraus berichtet von den Schwierigkeiten und seinem Musikerglück, wie er anlässlich der aktuellen Tournee alte Verstärker für den authentischen Sound aus dem Museum bekommen habe. Dann durfte ich auch gleich einen Raum weiter ins Kinomuseum und nach Frau Froboess fragen:

Ja, die Conny und er hätten immer noch ab und an Kontakt und man habe sich immer prima verstanden. Aber sie seien halt nur ein Filmpaar gewesen, plauderte Kraus bereitwillig aus der Schwarz-Weiß-Zeit. Übrigens seien es ja nur zwei Kinofilme gewesen, denn ‚die Conny und der Peter' hätten unterschiedliche Plattenfirmen gehabt und da wären Duette immer nur unter großen Schwierigkeiten möglich gewesen, weil jede Firma alles für ihr Label exklusiv hatte haben wollen.

Heinz Rühmann sei ja nun damals in ‚Der Pauker' längst ein großer Star gewesen mit entsprechenden Allüren. Er habe bei der Lichtprobe nie selbst posiert, sondern sich die Szene aus dem Wohnwagen heraus angeschaut. Die jungen Buben – und mit Ihnen Kraus - hätten nur mit den Doubles üben dürfen und seien darüber auch etwas enttäuscht gewesen. Wenn alles in Ordnung gewesen sei, wäre der große Rühmann dazugestoßen, habe seine Szene gedreht, um anschließend gleich wieder im Wohnwagen zu verschwinden. Trotzdem gäbe es sehr viele positive Erinnerungen an diesen großen deutschen Schauspieler. Als alles abgedreht gewesen war, hatte der Hobbypilot Rühmann seine jungen Kollegen zu einem ausgedehnten Rundflug eingeladen und habe ihnen über den Wolken das Alpenvorland gezeigt. Ein unvergessliches Erlebnis, auch für Peter Kraus.

Es war herrlich, dem Show-Dino mit seinen Jugendgeschichten zu lauschen. Seine Begeisterung für die Musik auch im Alter von damals knapp 70 war ansteckend und verlieh ihm die nötige Energie, um auch das gefühlt 4000. Interview froh und engagiert rüber zu bringen.

Sein Spaß am Erzählen bescherte mir sogar eine eigene, nicht ausgestrahlte Geschichte, die meine Disneyleidenschaft betraf.
Kraus bemerkte die Micky-Maus-Silhouette auf meinem schwarzen T-Shirt und ich outete mich sofort und gerne als großer Fan. Da ließ er ganz cool und nebenbei fallen, dass er ja Walt Disney persönlich getroffen hätte, in den 60er Jahren in Wien. „Wie Disney getroffen?" Ich wusste, dass Kraus in einem Hollywood-Film der Disneystudios mit gespielt und mit ‚The Waltz King' in Amerika im Fernsehen gelaufen war. Aber wie kam es zu der Begegnung mit dem größten Kino-Tycoon? Kraus bemerkte, dass ich in der fünfminütigen Musik- und Werbepause unbedingt mehr erfahren wollte, und er begann bereitwillig zu erzählen:
„Ich war zum Vorsprechen für diesen Walzerfilm in ein Wiener Hotel geladen. Die Geschichte der Strauss-Dynastie sollte – amerikanisch glattgebügelt – erzählt werden und ich war für die Rolle des Josef, dem Bruder von Johann Strauss vorgesehen. Ich kam in eine Suite und da war plötzlich Walt Disney selbst. Wir sprachen über den Film und mir schwirrte bald ein mögliches Problem durch den Kopf. Ich war in Deutschland und Österreich ja so was wie der ‚deutsche Elvis' und sollte jemanden aus der walzerseligen Vergangenheit spielen. Wenn ich Disney jetzt gestehen würde, dass ich eigentlich für ganz andere Musik stand, würde er mir die Rolle nicht geben. Würde ich jedoch nichts sagen, käme es irgendwann heraus. Ich entschloss mich zu einem Geständnis, was den großen Walt Disney aber nicht störte. Ich bekam die Rolle. In Deutsch-

land wurde der Film übrigens nicht sonderlich beachtet, weil die Geschichte der Familie Strauss verändert worden war und nicht der historischen Wahrheit entsprach."

Eine tolle Geschichte und nur für mich erzählt. In der laufenden Sendung würde für diesen Exkurs nicht die nötige Zeit sein, wir mussten nur noch über das baldige Saarbrücker Konzert sprechen. Zum abschließenden Erinnerungsfoto zog ich den Bauch besonders ein, denn neben dem schlanken Jeans-Mann wirkte ich mehr als mopsig. So war es einerseits ein Kompliment an Peter Kraus, andererseits eine gewisse Unzufriedenheit mit dem Ergebnis, als wir im Display die Fotos checkten und ich maulte: „Na toll, neben dir hab ich sogar ein Dreifachkinn!"
„Quatsch, gut schaust aus!" lachte er mir entspannt entgegen, der ewig jungendlich strahlende deutsche Elvis.

Nena und Markus –
die Taschenlampen
brennen noch

Nena und Markus waren ein klein bisschen das, was auch Conny und Peter oder Rex und Gitte für das deutsche Publikum darstellten, ein kleines Traumpaar der Musik- und Showbranche.

Allerdings waren beide in den 80ern im Duett und einem Kinofilm zusammen, in einer Zeit also, wo die Beziehungen schon mal öfter wechselten. Da erwarteten die Leute von einem Showtraumpaar nicht mehr unbe-

dingt, dass es zusammen zehn Kinder bekommen würde und ewig zusammenbleiben würde.

Die neue deutsche Welle spülte Nena und Markus mit einer Fülle an anderen Bands und Interpreten ganz weit nach oben. Nena bildete den Leuchtturm dieser Musikwelle, Markus wollte Spaß mit dem Maserati, der 210 schaffte. Und dann kamen die anderen. Hubert Kah mochte einmal nur mit Erika unterm Sternenhimmel, Geiersturzflug steigerte mit Plattenverkäufen das Bruttosozialprodukt, UKW waren so verschossen in ihre Sommersprossen und Fräulein Menke erinnerte sich daran, dass Jahre zuvor eine Frau aus Norwegen einmal mit einem knallroten Gummiboot ganz ordentlich durch den Schlagersee geschippert war und kam selbst dann mit dem ‚Tretboot in Seenot' ganz gut ans Ufer. Die Schäfchen für immer ins Trockene bringen konnten nur

die wenigsten. Die NDW war ein heftiges aber kurzes Stroh-
feuer. Fräulein Menke hatte später mit dem Werbejingle für
einen Apfellikör einen 20-sekündigen Dreivierteltakt-Erfolg
und fuhr ansonsten Pakete für UPS aus.

Markus, der mit Nena die kleine Taschenlampe zum brennen gebracht hatte (und obendrein den erwähnten damals
sehr gut besuchten Leinwandhit), rief immer wieder Interpreten der alten Riege zu einer Bühnenshow zusammen
und tingelte mit den deutschen Spaßoldies übers Land.
Hier und da war nur noch einer aus der Originalbesetzung
von damals dabei. Im Fall von Hubert Kah hatte sich der
bleich geschminkte verträumte Boy zum korpulenten Herr
mit schütterem Haar gewandelt, aber der guten Stimmung
tat das keinen Abbruch.

Markus war jedes mal entspannt, wenn ich ihn traf. Er freute sich immer noch über den großen Hype in der Vergangenheit und war ein fleißiger Arbeiter, wenn es darum ging,
neue Songs zu produzieren. Natürlich wusste er, dass er in
seinen 50ern nicht mehr den Erfolg wie als Teenie-Star ver-
buchen konnte. Auch waren die Budgets seiner Musik-Pro-
duktionen über die Jahre geschrumpft und es klang ein wenig wie aus dem Computer. Aber im Feld der deutschen
Schlagerszene hatte er immer noch sein Auskommen und
es gelang ihm immer mal wieder, wenn auch viel weniger
beachtet als einst, ein netter Ohrwurm. Vorbei war Vorbei!

Allein Nena konnte ihren Platz an der Spitze über Jahrzehnte behaupten. Sie war schräg drauf und immer mal
wieder für eine Schlagzeile gut. Nena probierte sich mit
Kinderliedern, sang mal einen Soundtrack oder synchroni-

sierte eine Trickfilmfigur. Sie war immer wieder mit ihrer Band auf Tournee. Während viele NDW-Größen Jahre später in die muffige Schlagerecke angeschoben wurden, blieb NENA Rockerin. Mit dem Ruf einer Rock-Diva, die schon mal heftig zicken konnte.

,Chokmah' hieß 2001 das aktuelle Nena-Album. Die damals 42-jährige Sängerin präsentierte ihre neuen Songs auf einer Senderreise und war für einen Studiobesuch in Saarbrücken angekündigt. Schon im Vorfeld und zur Vorbereitung hatte ich einige TV-Auftritte mit ihr gesehen, mit wechselnden Stimmung der Künstlerin. Ich wusste dadurch, wenn Nena auf ein Thema keine Lust hatte, dann war nichts zu machen. So waren zwar kurz zuvor Hochglanzfotos erschienen, die eine äußerst knackige Frau zeigten, die eher wie Ende 20 aussah als Anfang 40. Auf die Frage nach dem Jungbrunnen giftete Nena gerne und heftig, das sei ihr völlig egal. Alter sei für sie kein Thema und man sehe so aus wie man sich fühlt. Sie hatte da auch kein Fitzelchen Diplomatie in sich und Verständnis für den Frager. So stand mancher Interviewer gelegentlich neben dem Star wie ein Schulkind ohne Hausaufgaben, auch davor hatte ich Schiss.
Aber an der Frage war nicht vorbeizukommen. Denn auch wenn die hübsche Frau Kerner ihr Aussehen nicht interessierte, die Zeitschriftenfotos sorgten für Aufsehen und dicke Schlagzeilen. Da musste ich durch und am besten gleich vorneweg mit Augen zu.

Nena wurde direkt in die Live-Sendung gebracht und ohne sich länger beschnuppern zu können war auch schon das Rotlicht an. Ich fragte aus der Fan-Perspektive und indirekt:

„Nena zu Gast im Studio. Es hat klasse Fotos im Zusammenhang mit dem neuen Album gegeben und viele haben gesagt, bei Nena ist die Zeit stehen geblieben, die sieht noch besser aus als zu NDW-Zeiten. Wir Jungs sind begeistert die Mädels neidisch und fragen wie geht das?"

Ich weiß nicht, ob sie die Unsicherheit in meinem Blick bemerkte, oder was sonst sie milde gestimmt hatte. Nena lächelte und es kam eine Antwort, die ebenso zahm wie ehrlich war und ungewohnt freundlich: „Danke Christian für das Lob, du siehst auch gut aus." Sie müsse lernen, dass man ihr diese Komplimente machte und würde sich natürlich darüber freuen. Trotzdem sei das alles nicht so wichtig für sie. Mama Kerner sehe auch viel jünger aus, als es im Ausweis stünde. Es seien also wohl ganz brauchbare Gene in der Familie und man müsste halt schon auch gelegentlich die Popo heben und sich bewegen.
Na, das war doch ein mehr als entspannter Start auf dem sich aufbauen ließ.

Auch in der Kinderzerziehung ging Nena wie man wusste ihre eigenen antiautoritären Wege und konnte mit den üblichen Verbotsmethoden und Strafmaßnahmen nichts anfangen. Ich versuchte es persönlich und musikalisch:
„Meine Mama hat damals schon hier und da gemeint, mach den Krach leiser, wenn ich Rainbow gehört habe. Ist es bei euch so, dass dich das inspiriert, oder geht's dir auch mal auf den Zeiger, was aus dem Kinderzimmer dröhnt?"
Wieder blieb die Rock-Mama entspannt und brachte sogar ein anschauliches Beispiel. Ein Kind würde bis es zur Schule kommt im Durchschnitt 50.000 Mal das Wort ‚nein' hören. Das finde sie nicht in Ordnung und deswe-

gen mache sie es anders und ließe ihre Kinder gewähren.

Die Stunde mit Nena verflog förmlich und wieder einmal war klar geworden, dass sich die gute Stimmung eines Interviews oft ohne Worte gleich zu Beginn entschied.

Nena sorgte natürlich im Funkhaus für einen mittleren Auflauf und auch die Redaktion wollte ‚irgendwie, irgendwo, irgendwann' Töne und Fotos. Dass die Diva auch anders konnte, sollte sich im Kontakt mit den anderen zeigen. Während meine Bitte um ein Erinnerungsfoto von ihr mit großer Selbstverständlichkeit erfüllt wurde, kam bei der dicken Spiegelreflexkamera des Kollegen schon erster Groll auf. Es gäbe über die Plattenfirma professionelle Bilder, da solle man sich bedienen. Ein privates Fan-Foto? Na, ihretwegen. Plötzlich blitzte sie giftig: „Nicht anfassen!" und erstickte den Versuch einer kumpelhaften Annäherung abrupt.

Dem berüchtigten und damals in ‚Morning-Shows' ebenso beliebten wie ideenlosen Fragebogen verweigerte sie sich und ließ den Reporter maulfaul verhungern:
„Was macht Nena, wenn sie fröhlich ist?" „... fröhlich sein!"
„Was macht Nena, wenn sie traurig ist?" „... traurig sein!"
„Besser als Sex ist nur ..." „oh nö, das ist mir zu doof!"
Damit war die Aufnahme beendet.

Eine leicht angesäuerte Künstlerin verließ nach zwei Stunden den Halberg.
Aber es gab keinen kollektiven Groll oder Sippenhaft. Bevor die Autotür knallte, bekam ich noch ein Lächeln und ‚macht's gut' mit auf den Weg. Von Nena, dem Musikschwarm meiner Teeniezeit!

Die Prinzen – in den Köpfen keine Mauer

‚Das Leben ist grausam und Gabi ein Schwein.' Das waren gleich nach der Wende in fein gesetzte Gesangsakkorde deutliche Worte. Für den fünfköpfigen Pop-Männerchor aus Leipzig war dieses ,Gabi und Klaus' das klingende Debüt.

Diese ,Herzbuben' aus Sachsen hatten sich vorher entschlossen, ihren Wildecker Volksmusikkollegen den Namen konkurrenzlos zu überlassen und nannten sich ab da erst ,Commerzbuben' und dann ,Die Prinzen'. Die Mauer war gefallen und Kontakte in den Westen und zur West-Berliner Musikgröße Annette Humpe nun leichter zu knüpfen als zu Zeiten von Stacheldraht und Schießbefehl. Sebastian, Henri, Tobias, Wolfgang und Jens aus dem Osten landeten den ersten gesamtdeutschen Hit nach der Wiedervereinigung und die gute Laune ihrer Musik und die frohe Aufbruchstimmung im Land passten wunderbar zusammen.

An den Fall der Mauer erinnere ich mich wie fast jeder, der es erlebte nahezu minutiös. Ich kam nach dem Kino in eine Kneipe und wunderte mich, dass statt Radiomusik über die Boxen unendlich erregt reportiert wurde. Ich hörte Wortfetzen wie Checkpoint Charly, Trabbi, Schlagbäume und brauchte eine Weile bis ich wusste, es geht nicht um Fußball, sondern um Größeres. Und das war unglaublich. Sollten die alten Betonköpfe der DDR wirklich aufgegeben haben?

Über das Wochenende danach ärgere ich mich bis heute schwarz. Denn die Aufforderungen einiger guter Freunde, man müsse jetzt unbedingt nach Berlin fahren, um dort Ossis zu knutschen, überhörte ich und entschloss mich, im Funkhaus den verabredeten Bundesligadienst in der Sportredaktion zu leisten. Die Warnung der Kumpels, das sei historisch und meine Enkel würden dereinst fragen, was ich nach dem 9. November 1989 gemacht hätte, blieben ungehört. Dafür freue ich mich immer noch über dieses Ende des maroden Unrechtsregimes damals und habe nie in das bald einsetzende Gejammer mit eingestimmt.

Die DDR war mir vertraut. Eine Klassenreise führte uns an grimmig blickenden Uniformträgern mit Maschinengewehren vorbei, die verlangten, dass die mitgeführte Video-Kamera während der Fahrt verplombt sein müsste. Ich hatte, als der Eiserne Vorhang noch unten war, Freunde in Suhl und spürte hautnah, dass private Gespräche nur in der Küche geführt werden konnten, weil das Wohnzimmer mit einer dünnen Wand an den Nachbarn grenzte.
Ich freute mich 1990 über die neue Reisefreiheit. ‚Drüben' schaute ich mir die Städte an. Ich verliebte mich – wenn auch unglücklich – in der Nähe von Leipzig und tanzte mit ihr im Delitzscher Jugendclub. Da wo kurz zuvor noch die ‚Herzbuben' ihre ersten Konzerte gegeben hatten. Das T-Shirt mit ‚Das Leben ist grausam' trug ich leidenschaftlich gerne und über Jahre. Die deutsche Qualitätsware ließ nahezu kaum Farbe gehen. Doch irgendwann trennten uns die Waschgänge der Geschichte und das Hemd musste in den Kleidersack.

Die zu Prinzen ernannten Herzbuben traf ich bald auch im Saarland. Eine wilde Truppe im Saft der Jugend wie ich, immer zum Blödeln aufgelegt und bereit, nahezu jede Zeile im fünfstimmigen Männersatz zu vertonen. Die Herren hatten es von klein auf gelernt. Schon als Knaben mussten sie Bach im Leipziger Thomaner-Chor bzw. im Dresdner Kreuzchor üben, üben und üben. Das hatte alle musikalisch gestählt. Und wenn die Prinzen Ideals Punk-Song ‚Blaue Augen' als Schmuseballade sangen, konnten ich eben diese schließen und an romantische Momente im Osten denken.

Irgendwann hatte die Wiedervereinigung die offiziellen Erinnerungen an vielen runden und halbrunden Jahrestagen hinter sich gebracht und auch die Prinzen sollten ihr 20-jähriges Bestehen feiern. Mit einer Best-of-CD kamen Sebastian Krumbiegel und Henri Schmitt wieder mal an den anderen Zipfel der Republik. Aus den hibbeligen Heißspornen mit Streifenhose und gefärbten Haaren waren

mittlerweile gestandene Familienväter geworden. Doch der Geist von damals wehte gleich wieder durch das Studio. „Echt du warst in Delitzsch!", staunte Henri. Meine Geschichte vom Prinzen-T-Shirt, das ich sogar im ersten Copy-Shop der DDR habe duplizieren lassen, um es zu verschenken, fanden beide lustig. Henri gab zu, das ‚grausam'-Shirt sei im Fan-Artikel-Sortiment der Band immer noch der größte Verkaufserfolg.

Das Interview war ein lockeres Hin und Her zwischen damals und heute. Zu Anfang hätte man sich, je weiter es gen Westen gegangen sei, schon sehr darüber gewundert, wie wenig die Leute über die DDR gewusst hätten. Bis zum Südwestzipfel sei man sogar gefragt worden, ob Wasser und Strom drüben flächendeckend verfügbar gewesen seien. Sebastian stellte mit leichtem Schrecken fest, dass er, eben noch ein junger Kerl, mittlerweile als ‚Zeitzeuge' befragt würde und dieses Wort doch eine große Schwere besitze. Zumindest vor dem Abitur war ich selbst Mitglied meines Schulchores gewesen und konnte mit den Profis sogar eine Zeile einer Bachmotette anstimmen. Wir waren alle froh und zufrieden, dass die letzten Jahre so gelaufen waren, wie man sich jetzt daran erinnern konnte.

Wenige Wochen später kam Post aus Leipzig. Ich öffnete den dicken wattierten Maxi-Umschlag und fand ein unverwaschen und nagelneues schwarzes T-Shirt mit grellgelbem ‚das Leben ist grausam'-Schriftzug. Angefügt waren viele Grüße von Prinz Henri. Er hätte die Produktion der nächsten Auflage noch abwarten müssen, XL sei leider aus gewesen. Aber endlich habe er mal Gelegenheit, ein ‚Westpaket' zu verschicken.

Chris Howland – erster Gastarbeiter und Discjockey-Pionier in Deutschland

Chris Howland war für mich schon immer der Inbegriff des freundlichen und gutgelaunten Engländers. Ich mochte seinen lustigen Akzent. Die Schlager, die er sang, waren bewusst mit heiteren Spaßtexten versehen. Er versuchte erst gar nicht, dass man ihn mit seinen Reimen ernst nahm.

Chris Howland sorgte zudem bei meinen frühen Winnetou-Erlebnissen im Dorfkino dafür, dass ich bei all der Action, Spannung und den tragischen Szenen in der Welt der Apa-

chen immer mal wieder durchatmen und lachen konnte. Chris Howland war ein Radio-Urgestein, ein UKW-Mann, ein Meister am Plauder-Mikrofon und der erste Plattenjockey, den es nach dem Krieg bei uns gegeben hatte.

Irgendwann veröffentliche Howland seine Memoiren. Ich las die vielen lustigen und auch bewegenden Geschichten, recherchierte und fand heraus, dass der Mann mit dem englischen Slang immer noch Radiosendungen moderierte. Bei den Kollegen von WDR4 in Köln. Da sollte doch ein Treffen und ein Interview in der Nähe des Doms zu machen sein, denn dieses früheste Vorbild in meinem Beruf und obendrein einen Helden meiner Kindheit wollte ich unbedingt persönlich kennenlernen.

Wieder sollte sich die Binsenweisheit bestätigen: Kleine Lichter mögen sich mit einer unnötigen und ‚auf wichtig' machenden Entourage umgeben. Die wahren Stars sind meist locker und nahbar. Frau Howland war für die Termine ihres Mannes zuständig, wir telefonierten zweimal, ich bat die WDR-Kollegen um Studiohilfe und so sollte die Aufzeichnung an einem Freitag im Februar stattfinden.

Mitten im Karneval, upps! Dazu nahe der Domplatte, dem Zentrum des schunkelnden Frohsinns. Gott sei Dank war es ‚nur' der närrische Freitag, also der Tag zum Durchatmen zwischen der Altweiberfastnacht und den eigentlichen ‚tollen Tagen': Im Zentrum von Köln bot sich ein Bild wie vor dem Angriff der Hunnen oder einem bevorstehenden Rheinhochwasser. Die Eingänge zu vielen Geschäften und Boutiquen waren verrammelt. Das altehrwürdige Funkhaus am Wallrafplatz mit Pressspanplatten und Behelfstüren zugenagelt und abgedichtet. Auf dass keine überschäumende Narretei in flüssiger oder noch halbfester Form die Zugangstreppe oder das Foyer verunreinigen hätte können.

Bald schon kamen unauffällig und leise Howlands gut gelaunt und Arm in Arm des Wegs. Der fastnachtsbedingt alternative Eingang zum Funkhaus musste gemeinsam gefunden werden und es ging durch den einen oder anderen Pulk frohgemuten Volkes. Das Show-Urgestein freute sich, dass man ihn auch im Wintermantel und Hut gleich erkannte und ihn fröhlich grüßte.

Irgendwann hatten wir uns den Weg ins Innere des Funkhauses gebahnt, einem Gebäude, das 1948 noch rein für Radiobedürfnisse gebaut worden war, denn an Fernsehen wurde damals noch nicht gedacht. Auf Höhe des großen Sendesaals nahm mich Howland mit durch die doppelt schallschutzgesicherte Tür nach drinnen. Es war ein ‚Sendesaal' wie ihn jedes große Funkhaus sein eigen nennt. Dunkle Holzvertäfelung mit klitzekleinen Schlitzen drin, die für trockenen, echo- und hallfreien Raumklang sorgten. So konnten Tonaufnahmen nahezu störungsfrei und rein erfolgen. Der WDR-Sendesaal hatte an der Stirnseite zudem eine große Orgel. „Diese Orgel", und damit zeigte Howland auf die schweren Zinnpfeifen, „diese Orgel hab isch schon gleich nach die Krieg als Soldat gespielt, isch glaube das war 1949." Lächelnd ging er weiter.

Ich war irgendwie berührt. Da stand ein alter Herr in seinen 80ern. Mit diesem kleinen Detail, dieser an sich unbedeutenden Information wurde klar, wie erfüllt und lange sein Leben als Unterhalter, Radiomann und Entertainer nun schon andauerte und auf welch pralle Berufserfahrung er zurückblicken konnte. Kein bisschen Bedauern über die dahin geraste Zeit, kein Gefangen sein im Damals. Er hatte mir das mit dem Orgelspiel einfach mal so zugeworfen, ein Wimpernschlag hinter die Kulissen. Die nächste Aufgabe wartete bereits, jetzt würde er mit mir über sein aktuelles Buch sprechen.

Chris Howland hatte unendlich viel zu erzählen und das Gespräch, das für eine Zwei-Stunden-Sendung mit viel Musik konzipiert war, konnte noch nicht mal annähernd einen Überblick über das geben, was in den vergangenen sechs Jahrzehnten für ihn wichtig gewesen war.
Natürlich schwärmte er von Lex Barker und Pierre Brice und berichtete von seinem pannenreichen Weg im eigenen Auto mit dem Wohnwagen bis zu den Drehorten im damaligen Jugoslawien. Bewegend seine Schilderung des zerbombten Hamburg, denn dahin wurde er direkt nach dem Krieg zu BFN versetzt. Beim ‚British Forces Network' sollte er seine ersten Gehversuche für das Radio unternehmen und sich wenig später ohne jedwede Deutschkenntnisse beim NWDR als Moderator für eine Musiksendung bewerben.

Von einer ganz großen Liebe in dieser Hamburger Zeit erzählte Howland. Es sei eine berühmte Industriellentochter aus Frankfurt gewesen. Den Namen behielt er über all die Jahre für sich, denn er „wäre niggd gut gewesen füa diese Familie."
Die leidenschaftliche Liebe zu der Frau, deren Namen mindestens so bekannt wie Mercedes Benz sei, fand ein Ende, als sie zurück nach Frankfurt musste, um den Mann zu heiraten, mit dem sie – auch zur Sicherung des Konzerns – lange verlobt war.

Viermal war Howland verheiratet. Mit Marianne nun schon über 30 Jahre. Das Paar wirkte wie frisch verliebt. Immer wieder winkte er ihr durch die Glasscheibe zu und säuselte ein ‚sweetie', wenn von den Damen allgemein die Rede war.

Heinrich Pumpernickel! Der Name war zum Markenzeichen geworden und wurde dank der Tatsache geboren, dass der erste Discjockey in Deutschland schon sehr früh keinen Techniker mehr brauchte. Mit zwei Plattenspielern und einem kleinen Mischpult direkt am Mikrofon ausgestattet ‚fuhr', wie es beim Radio heißt, Howland seine Sendung selbst. Andere Moderatoren mussten sich lediglich bei Rotlicht im Sprecherstudio auf ihre Worte konzentrieren. Für sie übernahm diese Handgriffe der Tonmann hinter der Glasscheibe.
Während Howlands Sendungen saß ein Techniker entsprechend nur zu Kontrolle in der Nähe und döste meist weg. Um diesen Kollegen und einzig sichtbaren Hörer etwas aus der Reserve zu locken, beendete Howland eines Tages seine Sendung nicht mit seinem richtigen Namen, sondern verabschiedete sich mit einem Pseudonym. Er rief fröhlich ein „Auf Wiederhören und bye bye, Ihr Heinrisch Pumpernickel" ins Mikrofon. Den Techniker ließ dies unbeeindruckt, denn er hörte wie so oft nicht zu. Für die Tausende von Hörern aber war der Mann aus England ab da ‚Mr. Pumpernickel'. So werden aus Schnapsideen auf Jahrzehnte erfolgreiche Marken.

Eine Sache wollte ich von diesem weitgereisten und in allen Bereichen erfolgreichen Gesamtkunstwerk Howland noch wissen. Wieso war dieser Karl-May-Schauspieler und Edgar Wallace-Spaßmacher, der Erfinder der versteckten Kamera in Deutschland und dieser Kult-Schlagerstar immer noch so fasziniert vom Radio, diesem Medium ohne Bild, dieser rein akustischen Sendeform? In seinem Buch sprach er immer noch von einer Mischung aus Respekt und Erfurcht, wenn er ein Radio-Studio betrete. Nun hatte ich selbst bis zu unserem Treffen tausende Sendungen moderiert, für mindestens doppelt so viele zugearbeitet. Auch ich war immer noch fasziniert von 'meinem' Medium, aber wie würde jemand mit über 80 darüber denken? Chris Howland hatte sich das Schwärmen bewahrt, er brannte immer noch als Radiomann, auch im Spätherbst seines Lebens:

Sein Vater wäre auch beim Radio gewesen, erzählte er, und er hätte ihn besser aus dem Lautsprecher als in Natur gekannt. Funk sei magisch und als er das erste Mal ein Studio betreten hätte, wäre das für ihn gewesen, als ob er „durch eine Wundertür" gegangen sei: „Plötzlich stand ich in diesem kleinen Raum, der nicht so besonders aussah, Mikro in der Mitte und ich wusste, dass jedes Geräusch, wenn nicht auch die Gedanken, das wusste ich nicht, könnten Tausende wenn nicht Millionen von Leuten hören." Als leidenschaftlicher Radiohörer an die Quelle selbst zu kommen, das sei für ihn „immer noch - a very strange feeling!"

Udo Jürgens – ganz große Emotionen

Meine erste Begegnung mit dem erfolgreichen Sänger und Komponisten dauerte keine Minute und niemand hat je davon gehört. Der Entertainer gehörte zum Premierenpublikum der Welturaufführung des Musicals ‚Elisabeth' in Wien. Mit meinem Kassettenrekorder schlich ich an einem Herbstabend Anfang der 1990er beim Schlussapplaus zu den teueren Plätzen und fragte ihn nach einer ersten Einschätzung. Leider hatte ich vergessen die Pausentaste zu entriegeln, so dass seine Voraussage, ein absoluter Knaller

wäre da heute Abend über die Rampe gegangen, zumindest in meiner Berichterstattung ungehört blieb.

Für die nächste Unterredung mehr als 15 Jahre später sollte ich die technische Unterstützung eines großen Radio-Studios haben. Diesmal waren zudem ganze 30 Minuten in seinem dichten Interview-Zeitplan für mich reserviert worden. Der große Jürgens kam zur Promotion seines neuen Albums ‚Einfach ich' zu den Kollegen des SWR nach Mainz. Und aus vielen Funkhäusern wurden Schaltkonferenzen bestellt, um sich in Studioqualität mit ihm unterhalten zu können.

Da die Entfernung Saarbrücken-Mainz leicht zu meistern war und ich wusste, dass Gespräche von Angesicht zu Angesicht immer besser wurden, als nur über Kopfhörer-Kontakt, fuhr ich hin, um ihn persönlich zu treffen.

Ein exakt durchgetakteter Interviewnachmittag ist ein bisschen mit der Käsetheke im Supermarkt vergleichbar, an der Nummern vergeben werden. Die SWR-Wellen hatten ihren Udo-Besuch schon über den Sender geschickt. Eben noch war der Künstler mit einer Welle in Münster verbunden und Live-Gast am Schlagermittag. Gleich würde noch Frankfurt eine Aufzeichnung haben, doch die nächste halbe Stunde würde er für mich da sein.

Ein freundliches aber distanziertes Lächeln von ihm. Ich überbrachte Grüße vom ehemaligen Saarlandhallenchef Carl Bossert und sollte diese bitte herzlichst zurückgeben. Dann seine knappe Frage, worum es jetzt ginge. Es folgte meine Bitte, ein SR 3 Gästebuch mit Geschichten von damals und heute auf die Festplatte bannen zu wollen. Er hob die Hände zu einer offenen Geste, die signalisierte, dass er dafür bereit sei.

Ich war ordentlich präpariert. Wer in so kurzer Zeit das Material für eine zweistündige Sondersendung aufzeichnen will, darf sich nicht verplaudern. Deswegen hatte ich mich, auch aus Respekt vor einem der wenigen noch lebenden deutschsprachigen Weltstars gut vorbereitet, hatte Themenblöcke zusammengestellt und mir einen hoffentlich brauchbaren Spannungsbogen ausgedacht. Über Jürgens gab das natürlich beste Rechercheunterlagen. Seinen Familienroman ‚Der Mann mit dem Fagott' hatte ich mit viel Freude verschlungen und musste jetzt eigentlich nur die besten Anekdoten abfragen.

Schon bald bemerkte ‚Udo 70-80-Heute', dass ich mich mit ihm ausführlich beschäftigt hatte, und das gefiel ihm. Ich hatte das echte Gefühl (und mit mir später die Zuhörer), er durchlitt im Erzählen die emotionalen Stunden seines Lebens erneut, genoss die positiven Erinnerungen und war hautnah im ‚Jetzt' der jeweiligen Anekdote:
Er habe z.B. in den 80ern seine von der klassischen Musik begeisterten schon betagten Eltern überraschen wollen und sie in die Berliner Philharmonie eingeladen. Ungläubig hatte Mutter Bockelmann schon wieder gehen mögen, weil sich gar kein weiteres Publikum habe einfinden wollen. Schließlich habe Udo die beiden in den leeren Zuschauerraum gesetzt und eine Überraschung versprochen. Bald darauf seien die Philharmoniker zur Bühne gekommen und der Kapellmeister habe zum Stimmen der Instrumente aufgefordert. Man werde heute eine Platte aufnehmen, eine symphonische Dichtung von Udo Jürgens. Plötzlich bekam er feuchte Augen, als er von dem unglaublichen Stolz berichtete, den Mama und Papa empfunden hätten und der seiner eigenen Freude, seine Eltern

bei diesem großen musikalischen Moment bei sich zu wissen.

Ähnlich gefühlig gab es weitere Musikerlebnisse, die den jungen Künstler plötzlich in seinen 20ern lebendig werden ließen. Auf Amerikareise mit dem knappen Budget eines Studenten, habe er in New York kein Geld für die eben uraufgeführte ‚West Side Story' am Broadway gehabt. Am Bühneneingang habe er gestanden und mit dem Ohr am großen Tor gelauscht und geahnt, dass da einzigartige und zeitlos tolle Musik gespielt wurde.
In Las Vegas dann seien es ebenso zu wenige Dollars für eine Sammy Davis Jr. Show gewesen. In der Wüste und mit dem Blick zu den Sternen habe er davon geträumt, für diesen Ausnahmekünstler einmal Musik zu schreiben. Jahrzehnte später sollte dies tatsächlich gelingen und Davis würde jedes Konzert mit einem Udo-Song, nämlich ‚If I never sing another Song' beenden.

Jürgens erzählte auch private Dinge mit der gleichen Intensität und derselben Offenheit: wie seine erste Liebe Gitta damals in den 50ern als Mitbringsel dieser Musikstudienreise einen Stein von der anderen Seite der Welt hatte haben wollen, einen Kiesel von einem Strand in Kalifornien. Doch dieses Andenken hatte er schlicht vergessen und damit gezeigt, dass er mit dem Herzen schon ganz woanders gewesen war.

Jetzt hatte er mir – wie ich vorhergesehen hatte – die offene Flanke gezeigt. Das Gespräch verlangte quasi ein Wort zu seinen vielen Frauen. Immer wieder hatte Jürgens Schlagzeilen produziert. Da ein Statement abgelassen, dass

Frauen über 40 für ihn sexuell uninteressant seien. Öfter hatte es eine Vaterschaftsklage gegeben, die er parieren musste. Irgendwie sollte das Thema in einer ausführlichen Sendung vorkommen müssen. Ich hatte mir eine Formulierung ausgedacht, die deutlich war, aber etwas versteckt angreifen sollte:

„Heute lese ich, Udo Jürgens liest abends im Bett lieber ein spannendes Buch. Und wie ist es mit der Versuchung, jemand zum Vorlesen mitzunehmen?"

Jürgens lachte. Uff, geschafft! Er war nicht sauer. Heiter gab er eine Antwort mit der alle zufrieden waren. Das sei ja nun jeder Mannes Privatleben, aber er könne mir versichern, dass noch alles (mit Mitte 70) bestens funktioniere.

Wie im Flug verging die halbe Stunde, eindeutige Zeichen aus der Regie und von seinen Betreuern signalisierten mir, dass ich pünktlich sein müsste. So blieb nach der Absage nur die schnelle Verabschiedung und der kurze Kommentar des Künstlers, dass dies doch ein nettes Gespräch gewesen sei. Schon zog man ihm den Kopfhörer wieder auf, und er konzentrierte sich auf die nächste Schaltkonferenz.

Ein anders Mal war ich der zuschaltete Kollege, denn diesmal saß Udo Jürgens in einem Studio in Potsdam. Wieder war er präsent, klar und voll konzentriert für seinen Gegenüber da, mit Haut und Haaren erlebbar.

Es gab bisher keinen Künstler, der Anekdoten und Geschichten mit so großer Intensität auf den Punkt bringen konnte. Was andere über fünf Minuten zerredeten, brachte Jürgens in unter einer Minute auf den Punkt, fesselte mit bewegter Stimme und großer Erzählkunst, schnittfrei ohne ‚Äh' und Pause.

Saarbrücken bezeichnete er als große Liebe in seiner Karriere. Hier habe er Gilbert Becaud kennengelernt und seine ersten Musikerfolge als – heute würde man sagen - Clips verfilmen können.

Tatsächlich lümmelte in einer alten Schwarzweiß-Aufnahme, die bisweilen im Internet zu finden war, der junge Udo auf den Tribünen des neu gebauten Ludwigsparkstadions und sang. Wenige Takte später saß er am Klavier auf Höhe des Mittelkreises.

Seine Konzerte einen Steinwurf entfernt in der Saarlandhalle hatten für ihn jedes Mal eine Zeitreise dargestellt. Denn die europaweit wohl größte Plakatsammlung zierte dort den Weg von der Künstler-Garderobe bis zur Bühne. Udo lächelte Udo zu 70 / 80 bis heute.

Elaine Paige, Jim Dale und Dave Willetts – Londons umjubelte Musicalstars

Die Frage nach Erst- und Zweitbesetzung im Musicaltheater stellt sich für viele nicht. Hauptsache schön gespielt und gesungen. Als Sammler der CD-Aufnahmen sind die Begehrlichkeiten da etwas anders. Wenn ich in London oder auch ein einziges Mal in New York weilte, dann war ich schon immer scharf darauf, die Stars auch live auf der Bühne zu sehen. Ab und an ist das auch gelungen.

Elaine Paige war eine hinreißende Norma Desmond in ‚sunset boulevard'. Die Frau, die das ‚Memory' aus CATS zum Welthit gemacht hatte. Die langjährige Geliebte von Texter Tim Rice, die ‚Chess'-Interpretin mit Powerballaden der ABBA-Jungs Benny und Björn. Es war ein Gänsehautmoment, die Musical-Diva schlechthin als wahnsinnige Stummfilm-Ikone in Aktion zu erleben.

Das ohne Allüren und Sonderverträge. Wie alle anderen Ensemblemitglieder auch spielte ‚La Paige' an machen Tagen sowohl die ‚Kindervorstellung' um 15 Uhr als auch am selben Abend noch einmal.

Kiki Dee, britische Popsängerin und One-Hit-Wonder an der Seite von Elton John gab in Blutsbrüder für mehrere Spielzeiten die tragische Rolle der Mrs. Johnston und spielte eine Mutter, die einen ihrer Zwillinge an ein reiches Ehepaar gibt, weil sie alleinerziehend es sich nicht leisten konnte, beide großzuziehen. Der Schwur, dass der eine nie von der Existenz des anderen erfahren solle, führt in

‚Bloodbrothers' am Ende zum tödlichen Showdown. Kiki Dee zu sehen und gleichzeitig Sound und Stimme von ‚Don't go breaking my heart' im Ohr zu haben, sorgte für ein noch intensiveres Hörerlebnis.

Alle Theater haben einen Bühneneingang, durch die Stars wie Triangelspieler gleichermaßen rein und raus müssen. Das Musicalpublikum in den großen Metropolen lässt denn auch meist den großen Namen an der hinteren Pforte ihre Freiheit und Freizeit, und es belagern oft nur wenige Autogrammjäger den Hintereingang. Die Stars kommen und gehen ungeschminkt, unauffällig und normal.
Jim Dale marschierte fröhlich und lächelnd nach einer ‚Oliver'-Vorstellung an mir vorbei und ich traute mich nicht ihn anzusprechen. Ich kannte und mochte Dale besonders als bösen Dr. Terminus im Film ‚Eliott das Schmunzelmonster'. Da jagte er als herrlicher Grimassenschneider und wuseliger Schlacks hinter dem grünen Trickfilm-Drachen her und wollte dessen Blut für seine Tinkturen haben.
In der Londoner Oliver-Inszenierung war er in der Hauptrolle des Fagin besetzt, und gab ebenso hibbelig und kraftvoll den schmierig und hinterlistigen Chef der Kinderdiebesbande.
Einige Jahre später wurde die Rolle auch einmal von Mr. Bean, Rowan Attkinson verkörpert. Da war am Bühneneingang nach der Vorstellung ausnahmsweise etwas mehr los.

Einen dieser Londoner Musicalhelden hatte es sogar einmal nach Saarbrücken verschlagen. Dave Willetts. Er war eine wahre Westend-Größe. Ein schlanker Typ mit markanten Gesichtszügen und einer kraftvollen Stimme mit extremem Umfang. Er war Erstbesetzung in nahezu allen Hits der 80er, von

‚Das Phantom der Oper' bis Les Misérables'. Willetts hatte mehrere aufwendig produzierte CDs aufgenommen und war oft als Jesus in Lloyd-Webbers Superstar-Musical zu sehen. Für diese Rolle hatte man ihn in den 1990ern offenbar für eine Tournee überredet. Ein starbesetztes Ensemble zog also für ein Zwei-Tage-Gastspiel in die Saarlandhalle.

Jetzt hatten Musical-Gastspiele im Saarland nicht den Zuspruch, wie die ausverkauften Shows im Musical-Mekka London. Auch war die Produktion nicht mit dem Aufwand zu vergleichen, mit dem die altehrwürdigen Theater im Westend punkten konnten. Weder Lightshow, noch Kulissen waren so wie bei einer festen Inszenierung. Wer zudem zwei Tage die tausende Zuschauer fassende Saarlandhalle bespielte, der hatte natürlich kein volles Haus. Der London-Star spielte also seinen Jesus vor der ein oder anderen leeren Zuschauerreihe. Das hat ihn offenbar verwundert und wahrscheinlich auch im Innern getroffen.
Weil ich als Reporter und Rezensent dieser Jesus-Christ-Version auch für Interviews angemeldet war, und mit der einen oder anderen Frage auch meinen Fan- und Experten Status untermauern konnte, durfte ich mit den Hauptdarstellern nach der Show auf den Feierabend-Imbiss zu einem Griechen.

Höflich und nett beantwortete Willetts meine Fragen und genoss auch ein bisschen, dass ich von seiner Interpretation des berühmten ‚Gethsemane' begeistert war. Das war das Lied, in welchem Jesus sich mit atemberaubendem Rock-Falsett verausgabte und schreiend über mehrere Oktaven mit dem bevorstehenden Tod am Kreuz haderte. In den meisten Interpretationen machten sich die Rocktenöre mit fast zum Stimmbandplatzen großer Intensität kurz vor dem Ende müde und ließen den Song dann kraftlos wie der Herr nach seinem Zorn ausklingen. Willetts gab natürlich auch alles, rang sich aber zum großen Finale noch einmal einen markerschütternden Oktavsprung ab und sorgte so für ein zusätzliches Kribbeln beim Zuhörer.

Trotz meiner Huldigungen wirkte er etwas verloren vor seinem Souvlaki-Teller und man merkte ihm an, dass er unter dem Tourneeleben litt und lieber nach Hause gefahren wäre, in eines ‚seiner' Westend-Theater. Es half nichts. Die Tournee würde ihn am Tag danach nach Mannheim und bald nach Köln, Freiburg und Stuttgart führen. So erhob er an einer Stelle das Glas zu einer kleinen Jesus Christ Zugabe. Dave Willetts nahm seinen dritten Ouzo und sang in seiner Rolle: „Take this Cup away from me" („ich will deinen Giftkelch trinken"). Er stürzte die Anis-Plörre, lachte und es ging ihm ein wenig besser. Wenige Jahre später sah ich Dave in London wieder, beklatscht und begehrt anlässlich einer Autogrammstunde bei Dress Circle, dem angesagten Londoner Musical-Laden. Er war wieder glücklich daheim und ich wollte ihn nicht an unser Saarbrücken Treffen erinnern, zumal er es sicher längt verdrängt und vergessen hatte.

Peter Brings und der Ostbahn-Kurti – Interview Training zwischen Wien und Köln

Es war Anfang der 90er Jahre, da wehte es einen frischen Mundart-Rock aus Köln daher. Brings entwickelten den bis dato amtlichen traditionellen BAP-Sound für die jüngere Generation weiter. Bon Jovi statt Bruce Springsteen vom Rhein.

Im Saarland war man gegenüber der kölschen Mundart immer offen und so spielte das SR-Radio die jungen Wilden aus der Domstadt mit großer Begeisterung. Es blieb ja in der Familie, denn BAP-Gitarist Klaus Heuser hatte die Band

um die Brüder Stephan und Peter Brings auf die Rampe gebracht und zum Karrierestart produziert. Brings kamen zu Radiointerviews nach Saarbrücken und rockten die Ford-Garage für ihre kleine feine Fan-Gemeinde im Saarland. Als Reporter war ich zusammen mit Dieter Exter da immer mal wieder näher dran und durfte auch hinter die Bühne.

Wenn man Rock-Jungs als wild und ungestüm bezeichnen mochte, so traf das besonders auf Brings zu. Stephan Brings, der jüngere und ruhige Bassmann der Band versuchte bisweilen seinen einen Jahr älteren Bruder Peter etwas zu bremsen, was aber wie bei einem Jungpferd im vollen Saft schwierig war. Peter war eine Rampensau mit unglaublicher Bühnenpräsenz, rauchiger Stimme, langen Haaren und gerne mit freiem Oberkörper. Dem Auge der Damenwelt wollte man ja auch was bieten. Nach den Konzerten wurden entsprechende Rauchwaren gereicht und herrlich beim Mitternachtssnack rumgealbert. Das Reinschnuppern in den ausgelassen Musikzirkus mit verzerrten Gitarren machte Spaß und die Brings-Männer ließen uns gerne mitfeiern.

Eines Abends sollte es sich ergeben, dass Brings als Radio-Gäste auf dem Halberg mit einem Musiker aus einer TV-Sendung im Dritten Programm zusammen trafen. Ein seltener Gast in Deutschland, in seiner Heimat Österreich aber ein Großer – Dr. Kurt Ostbahn.
Der Ostbahn-Kurti war ein Wiener Original und hieß laut Ausweis Willi Resitarits, auch hatte er einen Bruder: Lukas. Den kannten die Fernsehzuschauer als bekloppt-coolen Major Kottan, der für das Wiener Sicherheitsbüro ermittel-

te. Willi, bzw. Kurt war Rockmusiker, hatte mit Wiener Cover-Versionen bekannter Klassiker von Clapton bis Bachmann-Turner-Overdrive eine große Fangemeinde und war damals ein bisschen so was wie ein Wiener Westernhagen.

Es kam, dass Peter Brings und der Ostbahn-Kurti nach Radio-Interview und TV-Auftritt den Absacker und das After-Show-Schnitzel gemeinsam in einem kleinen Restaurant mit einer handvoll SR-Kollegen einnahmen. Gegenüber saßen sich kölsche Ausgelassenheit und wienerische Coolness, ein rheinischer Heißsporn und ein ‚K.u.K.-Abgeklärter'. Der fast noch Rock-Newcomer und der nicht ganz 15 Jahre ältere Routinier kamen ins Kollegen-Gespräch. Die Pommes genießend musste ich nur zuhören und bekam eine Lehrstunde in Interview-Führung von der anderen Seite:

Peter Brings war leicht in Rage. Er war für die neue CD auf Senderreise. Das bedeutete, dass er in schneller Folge gefühlt hundert Mal dieselben Fragen hintereinander gestellt bekam. Zudem auch mit Dingen konfrontiert wurde, die er eigentlich nicht besprechen wollte.

Peter kam in Fahrt. „Die fra'ren misch nie zu der neuen Platt', dat ist doch Scheiße! Ich frach doch dä Bäcker och nit no Hackfleisch, sondern no dä Brötscher!"

Dr. Kurt Ostbahn blieb ruhig und entspannt. Er hatte kurz zuvor mit Freude festgestellt, dass das Restaurant nicht nur Riesling, sonder seine Lieblingsrebe, den grünen Veltliner führte:

„Woast, des is hoid so. Über Musik kann ma net redn, die muss ma hörn!" Brings stutzte. Das war nicht von der Hand zu weisen.

Das war auch oft mein Problem in der Vorbereitung von Musikerbesuchen. Was sollte man über Gitarrensounds und Orgel-Soli reden. Waren sie gut, hörte man das. Und die Produktion eines Albums war ehrlich gesagt meist schnell besprochen. Hatte eine Band beispielsweise irgendwo im Süden aufgenommen, konnte man vielleicht noch Touristentipps rund ums Studio erfragen. Es war halt interessanter etwas aus dem Leben des Musikers zu erfahren.

Das war Peter Brings' Problem und er gab sich noch nicht zufrieden. Sicher hatte er während der Besuche in diversen Morning- und Nachmittags-Shows, wie die Radiosendungen mittlerweile landauf landab hießen, manche private Frage parieren müssen: „Die wollen immer wissen, wie dat mit dä Mädscher wohr. Wat jeht die ming eezte Fröndin ahn?! Un wie un wo mir wat hatte, sie un isch! Dat kann doch nit sin, dat ma sujet frööt!"

Ostbahn-Kurti schmunzelte und gleich kam Interview-Lektion Zwei: „Ah geh, do musst di verweigern, oba lustig, verstehst?"

„Wie?" entgegnete Brings ungläubig

„Wenn di tatsächlich irgendwer frogt, wie dei erstes Mal woar, dann antwoartest: sie hat gesagt, es woar wie im Paradies!"

Peter, der jüngere hob die Augenbraue und Kurti, der ältere lieferte genüsslich die Pointe: „Du host mi pudert, wie der earste Mänsch!"

Großes Gelächter am Tisch, baffes Erstaunen in der Kölschen Fraktion: „Dat wör mir nie einjefallen, super!"

Locker und entspannt müsse man Interviews angehen, riet der Wiener heiter. Die Zeiten der oberflächlichen Radio-Talks hatte er selbst lange hinter sich oder wusste mittlerweile, sie für sich zu nutzen. Zudem hatte Österreich damals noch keine Privatsender und Willi wurde noch beim altehrwürdigen ORF zu Nachtsendungen geladen, wo er dann seine eigene Plattensammlung zur Programmgestaltung mitbringen konnte. Für den Musikdino gab es in der Alpenrepublik noch tolle Radioformate, UKW-Biotope einer vergangenen Epoche!

Die Nacht endete zu unterschiedlichen Zeiten. Ich durfte den Ostbahn-Kurti irgendwann selbst müde zum Hotel bringen, während sich Brings noch in die Saarbrücker Szene stürzte.

Der Tipp mit den Pointen hat dann später bei den Kölschrockern zu großen Veränderungen geführt. Nachdem BAP letztendlich doch den längeren Hitparadenatem hatten, schwenkten Brings mit kräftigem Polka-Zwei-Vierteltakt um zu fetziger Karnevals-Unterhaltung.

Henni Nachtsheim –
eine Hälfte Badesalz rockt
Opi und Oma

Henni Nachtsheims Spaß-Musik mochte ich seit meinen Teenagerzeiten.

Das deutsche Protestlied hingegen und damit einhergehend das manchmal gutmenschelnde und nicht selten langweilige Gesäusel der Liedermacher ging mir auf den Zeiger. Die Neue Deutsche Welle war irgendwann auch zu dadaistisch und sinnfrei geworden. Da kam auf einmal „'n wüster Krach, aus Frankfurt, Darmstadt, Offenbach" – die Rodgau Monotones, die mit hessisch Gebabbel die nächste

Generation unterhielten, während die Eltern, sowie Opa und Oma sich noch über Heinz Schenk scheckig lachten. Die Rodgaus hatten Freude an verzerrten Stromgitarren und Henni Nachtsheim, bombenlegermäßig langhaarig mit John Lennon-Brille war einer der Sänger der Truppe und spielte zudem Saxofon. ‚Kleiner Pirat‘ war ein treibender Song für die bescheidene Revolte des kleinen Mannes: *„Er hat ne Menge Bücher über Störtebeker und über Käptn Cook gekauft, dann hat er seinen Käfer, die alte Schnecke, von Hoppelchen in rostiger Korsar umgetauft."* Klasse!

Auch die Unbill des Abblitzens bei der Frauenwelt wurde von den Monotones in ‚Frach misch net‘ prima auf den Punkt gebracht: *„Ich hab mir 25 Mark geborgt Ohropax und Chris de Burgh besorgt – alles wegen dir!"* Chris de Burgh fand ich zwar selber ziemlich gut, aber sonst passte der Text. Kurz, die Monotones rockten die NDW in die kommende Deutschrockphase und ich liebte die Ohrwürmer der Hessen und besonders Hennis Timbre, gerade wenn er die Liebeskummerballade ‚Is nur Kino‘ sang.

Henni Nachtsheim von den Monotones tat sich wenige Jahre später mit Gerd Knebel von der Band Flatsch zum Comedy-Duo ‚Badesalz‘ zusammen. Der absurde Humor der beiden, der den Alltag von Hedi und Bledi ins Lächerliche drehte, Kulturbeflissene verarschte, Kinofreunde mit heiteren Phantasietrailern belieferte, und der vor allem harte Jungs als harmlose Dummschwätzer entlarvte, darüber konnte ich mich herrlich beömmeln. Badesalz-Sprüche sind dabei längst zu geflügelten Worten geworden. Als 2011 der langjährige tschechische Präsident Vaclav Havel starb, ich gebe es zu; als erstes kamen mir die ‚tschischenden *Eschlaute der deutschen Schallsprachplattenfirma'* in den Sinn, die ,wegen des tscheschischen Tonteschnikers' entstanden waren (die CD hieß ,Nicht ohne meinen Papa'). Noch heute ist ein drohender Familienstreit schnell abgewendet, wenn einer der Diskutierenden laut den Badesalz-Spot *,Gereizt!! – der neue Film von Jaques Bubu!'* in die Runde ruft.

Mit Henni und Gerd habe ich einige Badesalz-Interviews geführt. Es war jeweils ein herrliches Zuspielen der Bälle und urkomisch. Wie nah Komik und Tragik beieinander liegen können, zeigten manche Anekdoten, die Henni erzählte: So sei einmal eine Truppe junger Leute nachts mit dem Auto unterwegs gewesen. Man hätte eine Badesalzkassette gehört und der Fahrer sei gefährlich oft für einen Augenblick eingenickt. An der brenzligsten Stelle allerdings, beim direkten Zuhalten auf die Leitplanke, sei die Kassette plötzlich umgesprungen und der Start des Albums *,Och Joh'*, Gerds Eröffnung und der Schrei *,liegt die faule Sau immer noch im Bett!'* habe den Fahrer hochschrecken und in letzter Millisekunde einlenken lassen. Badesalz als Lebensretter, welche Schlagzeile.

Gerd ist in diesen Dingen eher ein stiller Interviewpartner und fern von der Bühne zurückhaltend. Es ist Henni, der durchaus auch mal selbst einen Fan zurückruft und solche Berichte verifiziert.
Henni gab mir auch nach dem zweiten Treffen seine Handynummer und wir tauschen ab und an eine SMS oder auch E-Mail aus. Das ist selten im Showgeschäft.
Jahre später hatte Henni Nachtsheim wieder Musik zu machen begonnen, schrieb eigene Songs, produzierte mit ei-

ner Band CDs und spielte live. Ich lud ihn zum Radio-Interview für das zweite Album *„Dann tanzt die Omma mit George Clooney"* ein und er kam.

Der Musiker Henni Nachtsheim hatte außerhalb Hessens seltsamerweise nicht die Öffentlichkeit, die er als Comedien von Badesalz genoss, aber das war ihm egal. Musik war seine zweite große Leidenschaft und so war es nicht schwer ihn zu einem Radiokonzert mit seiner Band zu bewegen. Henni war begeisterter Live-Künstler und sagte gerne für Saarbrücken zu.

Die SR 3 Echt Live Konzerte haben zwei Besonderheiten: Erstens: die Künstler spielen ohne Gage. Zweitens: Karten kann man nicht kaufen, die Besucher gewinnen die Freitickets. Das Musikstudio war also für den kleinen feinen intimen Kreis mit 200 Gästen ‚ausverlost'. Soundcheck und Probe liefen problemlos, der Abend konnte starten.

Verlosungen und Pralinenschachteln haben gemeinsam - man weiß nie was kommt. Und auf einmal waren fast ausschließlich die guten ‚alten' Saarlandwellenhörer da, will sagen, eher die Semino Rossi- und Freddy-Fans, als die Freunde von Beat und Rock'n'Roll. Das Tanztee- und nicht das Country-Publikum war ausgelost worden und saß gespannt vor der Bühne.

Henni betrat den Saal, schluckte innerlich wohl genauso wie ich kurz zuvor bei der Ansage des Künstlers. Aber ein alter Showhesse ließ sich nicht einschüchtern. Ali Neander, Nachtheims früherer Rodgau-Gitarrist und langjähriger Musik-Freund, jaulte schon mit dem ersten Akkord laut anhaltend auf seiner Fender Stratocaster via Marshall-Verstärker. Das Publikum blieb verdächtig still. Für einen

Moment ging uns die ‚Programmgestalterdüse'. Doch die Angst war nur von kurzer Dauer.

Es sei heute in bisschen lauter als sonst, nahm Henni den drohenden Kritiken der Schlagerfans den Wind aus den Segeln, sprach über sein neues Lied ‚Nordic Walking' und diskutierte mit den Anwesenden engagiert und pointenreich, ob das Laufen mit Stöcken ‚scheiße' aussehe oder nicht. Noch eine Anekdote von seiner ‚Omma' hinterher geschickt und alle Besucher sowie Künstler und Radioleute wurden locker. Der Abend war ohrwurmig, heiter, albern, laut und rockig, und es wurde viel gelacht. In mein Interviewmikrofon bekam ich anschließend nur positive Kommentare. Eine Dame mutmaßlich über 80 strahlte: sie habe so etwas noch nie gehört und es sei superklasse gewesen. So brachte der Abend die Erkenntnis, dass Heiterkeit nicht nur mit klirrenden Bembeln, sondern auch mit verzerrten Gitarren erzeugt werden kann. Der kleine Pirat kam als Zugabe: *„Hey Hey kleiner Pirat – die Zeiten sind hart!"*

Rainhard Fendrich – Schlagzeilen und Schlagobers

Von Rainhard Fendrich bin ich ganz großer Fan und das seit Jahrzehnten. Der Österreicher war seit den 1980er Jahren in der Alpenrepublik erste Sahne der Sänger und Entertainer. Er konnte bitterböse texten, war aber nicht so schwarzhumorig wie seine Wiener Kollegen Kreisler oder Qualtinger oder die Herren von der EAV. Seine locker einfach so dahergesagt klingenden Mundart-Reime, wo der Seniore Korrupti sich einen Anwalt, der was kann halt nimmt, oder das Schnitzelbrot erst schmeckt, wenn die Sportgesichter blutig rot verschmiert sind, das waren Verse wie ich sie mochte. Wenn Fendrich dann gefühlig wurde und das Herz der Angebeteten mit einem Bergwerk verglich, dann hörte man die schönste Art Love-Song, mit der die deutsche Sprache das Herz wärmt und nicht schmerzt. Fendrich sang zudem klasse und er war einer von der Sorte Liedermacher, die sich nicht nur zur Gitarre selbst genügten, sondern auch in Sachen Bandsound und Arrangement punkten konnten. Ich hatte nahezu alle Platten und seine aktuelle Scheibe lag frisch gebrannt auf meinem Schreibtisch. Nach einer mehrjährigen Pause hörte Fendrich sich nun probenraumiger und spartanischer instrumentiert an. Die kleine Band klang trocken und erdig und die dicken Synthesizer-Teppiche von damals waren eingerollt und in die Ecke gestellt worden.

Sein Interview-Besuch in Saarbrücken war der erste seit langer Zeit, der darauf folgende Radio-Auftritt sein erstes Konzert im Saarland überhaupt. Da ich in all den Jahren ihn weder jemals live spielen gesehen noch die Gelegenheit zu einem Interview bekommen hatte, freute ich mich auf diese Mehrfach-Premiere mit meinem Lieblings-Wiener.

Es gab bei einer Karriere, wie sie Fendrich hingelegt hatte, viel zu besprechen:

Die neue CD klang anders als die Produktionen zuvor und irgendwie ‚back to the roots'. Darüber würde er sicher gerne berichten. Aber in einer zweistündigen Sendung würden auch seine unrühmlichen Kokain-Erfahrungen und der Rosenkrieg bei der Scheidung von seiner Frau Andrea wenigstens kurz Thema sein müssen.

Die Zeiten und die Art, wie Lebenschroniken gespeichert wurden, hatten sich nämlich sehr verändert: noch zehn Jahre vorher war es so, dass in die Zeitung von heute schon morgen der Salat eingeschlagen wurde. Abgestandene Nachrichten von gestern halten nämlich das Blattgrün besonders frisch. Hatte man sich als klatschwürdiger Promi mal daneben benommen, so wurde es nach nicht allzu langer Zeit vergessen und landete unwiederbringlich auf dem Kompost.

Das Internet hingegen speicherte jede Blähung unbegrenzt, und so bot sich mir bei der Recherche der Details das noch warme Schlachtfeld der Beleidigungen und zornigen Statements im Streit Fendrich gegen Fendrich. Was sich einmal geliebt hatte, hieb da mit den Schlagzeilen des Wiener Boulevards aufeinander ein. Getragene Unterhosen von andern, Kaufsucht, Betrug, Drogenrausch und Abzocke. Saftig-deftig! Dann der Kokainprozess: der angeklagte Sänger habe gesungen „wie ein Zeiserl", um die Strafe zu mildern, so war zu lesen. Fendrichs Bruder, auch offenbar bisweilen Schneemann und Experte für weißes Pulver, blieb bei seiner Behauptung, er sei als Bauernopfer verknackt worden – alles Worte und Argumente eines üblen Pressegemetzels. Schreckliche Details, die Fendrich mittlerweile zwar hinter sich gelassen hatte, die ich aber nicht gänzlich verschweigen wollte.

Ich entschied mich in der Vorbereitung für die ‚offene Rampe'. Ich wollte in den Formulierungen abgemildert und verkürzt selbst dieses gefundene Fressen für die Regenbogenpresse knapp referieren und fragen, wie er damit seinerzeit klar gekommen ist und wie schlimm er dies empfunden hatte. Damit wäre alles gesagt, der Chronist hätte nichts ausgelassen und der Künstler selbst die Gelegenheit Stellung zu beziehen. Er könnte einfach nur mit ‚Das ist ‚Gott sei Dank' vorbei' antworten. Was ich dann akzeptieren würde, weil diese Schlüssellochgeschichten ja auch niemanden wirklich etwas angingen. Er könnte aber auch in der Rückschau erklären, wie er in so einen Strudel geraten konnte, der Reporter-Gier offenbar nachgab und loskeilte. Zum Thema Drogen gäbe es auch viel zu erklären, wenn er denn wollte.

Fendrich kam schlank, gebräunt und aufgeräumt ins Studio, lächelnd, wienerisch freundlich aber etwas distanziert. Auch das war immer wieder ein Problem bei Begegnungen. Er sah mich zum ersten Mal und kannte mich nicht. Ich aber hatte mit der Recherche sein Leben komplett durchleuchtet und war zudem schon ewig ein großer Verehrer seiner Musik. Fendrich-Songs hatten mir in trüben Momenten Trost gespendet, ein anderes Mal gute Laune bereitet oder immer wieder lange Autofahrten verkürzt. Kurz: mein Herz für ihn war wie ein Bergwerk. Er, die Schlagzeilen vergangener Jahre im Rücken, schlich hingegen als vorsichtiger Panther durch das folgende Gespräch.
Warm redeten wir uns über die neue CD, denn dann war das Objekt der Promotion schon mal ausführlich besprochen und die heiklen Themen konnten später kommen, wenn man locker war. Wer über das Glück, so tolle Instru-

mentalisten für seine Band bekommen zu haben, schwärmen konnte, fand vielleicht auch Worte für das Pech, das
jeden im Leben bisweilen ereilte.

Dann kam besagter Gesprächsteil, den ich meinem Lieb-
lingsliedermacher nicht ersparen wollte, vor dem ich aber
ein bisschen Bammel hatte:
„Rainhard Fendrich im SR3 Gästebuch, wir haben schon
viel erfahren und ich erlebe dich als entspannten, gutgelaunten Menschen im September seines Lebens, in der Vor-
breitung auf die Sendung habe ich auch über die Jahre
gelesen, wo es dir nicht so gut ging, da hat es Schlagzeilen
gegeben über Kokainkonsum, eine Scheidung war für dich
sicher auch in den Medien zu durchleiden. Hier in Deutschland ist die Sache nicht so hoch gekocht, aber wenn man
googelt, die österreichischen Boulevard-Kollegen haben
da ja keine Gelegenheit auf große Buchstaben ausgelassen. Wie schafft man das, Dinge über sich zu lesen, die
man besser nur daheim besprochen hätte?"

Wir schauten uns an und ich fühlte, wie hinter seiner Pu-
pille eine unsichtbare Klappe fiel:
Er lese ‚so was gar nicht'. Natürlich sei das alles nicht angenehm, ‚die Gründe habe er sattsam erklärt'. Aber schließlich sei er ‚aus er dieser Gletscherspalte herausgekommen'
und froh, dass letztendlich alles so passiert sei wie es passierte. Zwei, drei Sätze noch über gute und weniger gute
Freunde im Leben und gut war's. Allgemein, knapp, ausrei-
chend, aber tiefer ließ er in seine Seele nicht blicken. Vielleicht hatte der Umgang mit den Medien über die Jahre
auch größere Narben hinterlassen.

Es ging selbstverständlich professionell weiter. Ich war nur kurz und ohne es mir anmerken zu lassen enttäuscht. Fendrich gab den routinierten Entertainer, der auch sein Radiopublikum zu unterhalten wusste. Das Gespräch blieb heiter und charmant. Fendrich erzählte die eine und andere Anekdote und hatte viele klasse Sprüche parat.

Wie ich später beim Zappen durch andere Talkshows bemerkte, hatte er viele Antworten vorher ‚gescriptet' wie man neudeutsch sagt. Warum auch nicht? Wenn ein Wortspiel oder eine Metapher brauchbar war, dann konnte so etwas zum Lied werden oder sonst mehrfach verwertet werden. Beispielsweise erklärte Fendrich seine wilde Zeit auf dem roten Teppich für beendet und betonte, dass er heuer viel lieber das Gebäude „mit dem Catering durch den Hintereingang" betrete. In exakt dieser Formulierung erzählte Fendrich es so bei Frank Elstner, bei Giovanni di Lorenzo, den SWR-Kollegen im Radio und auch bei mir.

Jürgen von der Lippe – mit Donnerlippchen vom Messdiener zum Leutnant

Ein Radiointerview ist für Frager und Befragten im besten Sinne eine (neudeutsch) ‚Winwin-Situation'. Im einen Fall schmückt sich das Radio (und somit auch ich mich) mit einem prominenten Künstler. Der Prominente wiederum hat eine Öffentlichkeit und kann Werbung für sich und sein aktuelles Programm machen. Eine neue CD, eine neue Bühnenshow, ein neuer Film, das neue Buch – alles prima Anlässe, eben darüber zu reden. Wo der Promi gerade da ist, wird ausführlich über sein ganzes Leben und überhaupt die große Welt gesprochen.

Haben sie was Neues dabei, sind Prominente von ihrer Platten-, Film- oder TV-Produktion geradezu angehalten lächelnd Auskunft zu geben – ‚Promotion' eben. Außerhalb dieser offiziellen Senderreisen muss man schon etwas mehr Überredungskunst aufbringen bis eine Interviewzusage winkt.

Jürgen von der Lippe war etwas im Stress. Sein Gastspiel in Saarbrücken dauerte fast eine ganze Woche und die Congresshalle war für alle Vorstellungen nahezu ausverkauft. Da brauchte es keine Radio-Unterstützung mehr. Außerdem ließ uns der ‚Blumenmann' durch selbige sagen, dass es abends sehr spät würde und er tagsüber eine Menge zu lesen hätte, weil er sich auch noch auf seine nächste Büchersendung vorbereiten müsse. Es ging ja auch nicht um fünf Minuten in der Nachmittagssendung, nein, das Gespräch sollte eine ganze Stunde dauern, eben ein großes Interview. Dank der freundlichen Härtnäckigkeit der Redaktion und dem guten Zureden des Veranstalters sagte von der Lippe aber schließlich doch zu, nicht wegen des Geldes, eher weil er lieb war, wollte er an einem Nachmittag im Studio vorbeischauen.

Eine Interview-Vorbereitung, wenn der Künstler eigentlich keine Lust hat, stellt eine noch intensivere Herausforderung dar. Denn nimmt er sich schon die Zeit, darf er sich nicht noch langweilen. Da bei einem Showmaster und Komödianten, der Jahrzehnte im Geschäft oben mitschwimmt, die Fragen nicht mehr exklusiv und neu sein können, muss ein Dreh gefunden werden, wie es ihm doch vielleicht etwas Spaß machen könnte, ,den alten Scheiß' noch ein weiteres Mal zu erzählen.
Hinzukam, dass von der Lippe als Hypochonder galt, dies auch selbst oft zum Thema gemacht hatte. Leider krachte meine erste Herbst-Bronchitis am Aufnahmetag noch ordentlich gegen die Mikrofonmembran. Man würde ihn also ins Studio nötigen und ihm zudem noch eine Erkältung anhängen – toll!

Mittelmäßig gelaunt, ohne den berühmten Schalk im Blick betrat Jürgen von der Lippe im dicken Mantel das Redaktionsbüro. Meine zaghafte Entschuldigung, ich sei noch etwas hustig und würde gegebenenfalls hinter der Glasscheibe aus dem Nebenstudio meine Fragen stellen, beantworte er leicht genervt: „Na die Hand haben se mir nun ja schon gegeben!" Der Klarstellung, die sei selbstverständlich frisch gewaschen und desinfiziert, entgegnete der TV-

Mann ein müdes „egal, so schlimm wird's nicht sein, wir küssen uns ja nicht." Auwauwau, hoffentlich würde das was. Denn ein SR 3 Gästebuch mit dem Star von ‚Guten Morgen – liebe Sorgen' sollte doch die nötige Heiterkeit für zwei Stunden Talk und lustige Hits haben. Ich hoffte etwas bange, dass meine Vorbereitung ihn überzeugen würde. Mit 08/15 Fragen durfte ich bei dieser Emotionslage nicht kommen. Na vielleicht war meine Eröffnung etwas ausgefallen? Ich hatte mir entsprechend von der Lippes endlosen Musikansagen, damals in der Kult-Samstag-Abend-Show ‚Geld oder Liebe', eine Moderation ausgedacht, die zum Start möglichst viel Star-Information aufzählte ... Mikrotest, alles o.k., es konnte losgehen:

„SR 3 Saarlandwelle heute mit einem Prominenten im Gästebuch, der als Fernsehmoderator für seine langen ausführlichen Musik-Ansagen bekannt ist, ein Mann der das Hawaii-Hemd auch außerhalb der Sonneninseln etabliert hat, der uns mit Wort und Gesang seit vielen Jahrzehnten zum Lachen bringt. Ein Mann der einen Kinn-Bart trägt wie der Intendant des Saarländischen Rundfunks, ein Fernsehmoderator, Entertainer, Sänger, Schauspieler, ein Komiker der in der Congresshalle Saarbrücken 6 Tage hintereinander sein ‚Best of' aus 30 Jahren präsentiert – hallo Jürgen von der Lippe ..."

Er grinste. Seine Gesichtszüge hellten sich leicht auf. Ich glaube er anerkannte die dezente Hommage und wusste jetzt, dass ich zumindest Einiges über ihn gelesen hatte – „Guten Tach! – da war ja jede Menge drin." zischte es aus ihm raus, wie bei einem Deutschlehrer, der eine halbwegs brauchbare Lösung aus der dritten Reihe bekommen hatte.

Wie bei einem Zirkuspferd trabte er sofort gutgelaunt und launig weiter. Der Kinnbart erlebe eine wunderbare Renaissance wie er gerade glücklich beobachte. Auch Brad Pitt und George Clooney trügen sie, die Jugendmagazine würden berichten und er sei geradezu gerührt, dass er jenseits der 60 noch mal als Stil-Ikone reüssiere.

Welch ein Opening! Das war mehr als vielversprechend und ich atmete innerlich auf, nicht zu tief wegen des Hustenreizes. Hatte ich doch meine Fragen eher als wortverspielte Startrampen für jeweils eine kleine Performance des Show-Manns konzipiert. So sollte das gut funktionieren.

Wir hatten einen Mordsspaß! Die Humor-Legende schlug plötzlich alle Bälle mit Leidenschaft und wortgewandt zurück. Ich legte vor: er habe doch früher auf Uniformen gestanden, sei Messdiener gewesen und habe dann bei der Bundeswehr gedient – beides absolutistisch geführte Organisationen.
Anerkennendes Lächeln: Ja, er habe bei der Bundeswehr auch seine erste Tüte geraucht, da hätte sich der Kreis geschlossen, denn auch im Weihrauch sei dasselbe Zeug drin.

Es folgte eine Anekdoten-Salve: sein Vater sei Barkeeper in Aachens bester Striptease-Bar gewesen und habe dort mit dem Standort-Ältesten die Militär-Laufbahn seines Sohnes verabreden wollen. Bundeswehr-Leutnant sei bis heute sein einzig erlernter Beruf und der LKW-Führerschein das letzte brauchbare Detail dieser Profession. Plötzlich bekamen auch Oldtimer-Freunde wertvolle Informationen, denn der alte Unimog habe eine Sperre zwischen dem zweiten und dritten Gang mit Zwischengas. Das hätte für von der Lippe ebenso ein nicht handelbares Desaster dargestellt, wie auch die sogenannte Onanier-Schaltung anderer LKW-Typen, wo man hoch und runter ...

Wom! Ein kleiner Schweinkram als Pointe der technischen Ausführungen. Er war in Höchstform und bisweilen musste die Aufnahme mit einem Lachanfall bei ihm und bei mir kurz unterbrochen werden.

„Na, das war doch ganz schön", strahlte er nach der verabredeten Stunde, „und Sie haben nicht einmal gehustet." – ja nur vor Lachen! Das gemeinsame Foto zeigt die Bärte-Stil-Ikonen, die glatt wenn auch stoppelig als Cousins durchgehen könnten, meinte unsere Pressestelle.

Jeff Porcaro –
der Gott an der Schießbude

Es war nicht mein erstes Musiker-Interview. Aber vor diesem Treffen war ich aufgeregt wie nie und platzte vor Vorfreunde.

1990 im September kam ‚Wetten, dass..?' nach Saarbrücken. Die kalifornische Rock-Band ‚Toto' war als Musikact angekündigt und deren Plattenfirma bot zur ‚Promotion' der aktuellen CD die Möglichkeit eines Interviews.

Toto, die Helden meiner in den letzten Zügen liegenden Jugend. Die gefragten Studiomusiker, die zum Spaß eigene Songs spielten und mit ‚Hold the line' ein hämmerndes Klavier, eine Zerrgitarre und einen Ohrwurm gemixt und so einen Welthit gelandet hatten. ‚Rosanna', ‚Africa', ‚99' das war meine Musik. Ich sollte/durfte in die Saarlandhalle, um dort mit Steve Lukather, dem weltweit umjubelnden Gitarrero der Truppe zu sprechen. Das hatte der Plattenpromoter so vorgegeben. Ich war happy, wenn gleich ich lieber mit dem Drummer der Band gefachsimpelt hätte. Hatte ich mich doch seit Jahren als Tanzmusiker an der Schießbude vergeblich am groove von ‚Rosanna' probiert. Zum Üben war ich immer ein bisschen zu faul. Es hatte in der 7-Mann-Kapelle, in der ich damals die Turnhallen der Westpfalz betrommelte, zwar für ‚Rosamunde', den ‚Eiermann' und auch ‚Quando' immer gereicht, aber Toto war eine Nummer zu groß für uns. Deswegen war auch der außergewöhnliche Rhythmus, den die Songs der US-Jungs hatten, für mich immer nie zu erreichender Berggipfel der Unterhaltungsmusik. Jeff Porcaro war der oberste Trommlerkönig aus der Musikstratosphäre.

In der leeren Saarlandhalle stand der Probendurchlauf des Toto-Auftritts an, ich saß in der ersten Reihe, am nächsten Tag zur Sendung der Platz des ZDF-Intendanten und schaute zu. Wie es bei Künstlergesprächen immer so geht, der Tourbegleiter kam zur Vorbesprechung und gab Anweisung. Plötzlich sollte ich mir den Partner für das Interview einfach aussuchen dürfen. Sofort hing ich in Gedanken die Gitarre und Lukather an den Nagel und bat um Audienz bei Jeff. ‚No Problem – just a minute' - Hammer, Sensation, Jugendtraum – ich sollte Jeff Porcaro treffen, der beispielsweise für Michael Jackson das treibende ‚Beat it' eingespielt hatte und schon für fast jeden Star des Planeten, wie Barbra Streisand, Elton John oder Paul McCartney im Studio am Schlagzeug gesessen hatte. Da kam er auch schon auf mich zu, locker, entspannt, freundlich und fröhlich. Wie man sich einen Amerikaner aus dem Sonnenstaat vorstellt.

Porcaro, der Mann, gegen den mein Getrommel bis heute wie Schnitzelklopfen klingt. Der feine Rhythmiker, zu dessen Musik man tanzen konnte, obwohl er alle erdenklichen Figuren, Synkopen und Brüche einbaute. Der Übertrommler: von den Stümpern und den Besten gleichermaßen verehrt, er hatte jetzt Zeit und wir konnten reden. Das Interview sollte im Hotel stattfinden. Dorthin brachte uns der Tourbus. Auf Jeffs Zimmer öffnete der erst einmal die Minibar und stellte zwei Biere auf den Tisch. „You're welcome – please ask what you like."

Der Kassettenrekorder drehte das Band: man habe jetzt wieder ein neues Wir-Gefühl in der Truppe. Der neue Sänger Byron sei prima, die Studio-Aufnahmen entspannt verlaufen und vielleicht gelänge ja noch mal so was, wie damals vor knapp zehn Jahren mit dem Top-Album ‚Toto IV'. Die zehn Minuten Aufnahme für die CD-Besprechung im ‚SR 1 Querfunk' waren bald im Kasten, aber noch das halbe Bier übrig. Zeit für einen wenn auch kurzen smalltalk mit dem unkomplizierten Rockstar vom Trommler-Podest. Jetzt musste ich ihm erzählen, wie sehr ich mich an meinem Schlagzeug mit den Toto-Grooves abmühte, und dass ‚Rosanna' zu spielen ein seit langem unerreichbarer Traum war.

„Ey, it's so simple, let me show you!", Jeff schlug mir auf die Schulter und wir nahmen am kleinen Beistelltischchen des Hotelzimmers Haltung ein. Handfläche an den Rand wie beim Bongospielen. ‚Bumm-Bu-Tschak, Bumm-Bu-Tschak-Tschak'. Nein, den zweiten Schlag müsse ich ein bisschen verzögern, noch Mal. „Bleib locker", riet der Profi, „denk nicht nach, einfach fließen lassen." Irgendwann waren sein und mein Tischbeat synchron. Ich konnte es – ‚Rosanna', endlich: ‚Bumm-Bu-Tschak, Bumm-Bu-Tschak-Tschak'. Er, der es erfunden hatte, gab es weiter. Uneitel, als Kumpel, er lieh mir seine Hausaufgaben, hatte Spaß am Trommeln, jamte mit dem stotternden Reporter, der sich als Fan, als Unwürdiger geoutet hatte.

Dann war plötzlich sein Scheckkarten-Hotelzimmerschlüssel verschwunden. Zwei Schlagzeuger: ein guter und ein Polkatrommler krochen auf allen Vieren über den Teppichboden, „ah there, thanks – see you, take care!"

Der Weltklassemann an der Schießbude chillte noch ein bisschen, der Reporter machte sich mit roten Ohren auf den Weg heim.

Adrenalin und Aufregung sollten dafür sorgen, dass ich ‚Rosanna' schon im Aufzug nicht mehr hinbekam und bis heute nie wieder geschafft habe. So simpel war es doch nicht, aber mit Hilfestellung des Bademeisters hatte der Köpper vom Zehner einmal geklappt. Ehrlich!

Knapp zwei Jahre später starb Jeff Porcaro. Fiel um bei der Gartenarbeit. Das Herz blieb stehen. Seine Beats schlagen weiter.

Das letzte Wort hat ...
Gunter Gabriel

„Für mich waren Interviews etwas ganz Besonderes. Dann nämlich, wenn der Interviewer sich gut vorbereitet hatte und nicht nur Klischeefragen kamen. Wenn der Frager neue Aspekte herausgearbeitet hatte, die auch für mich überraschend waren und nicht 08/15.

Dafür bin ich immer dankbar gewesen und freue mich immer wieder.

Christian ist da ein großartiges Menschenkind.

Der einzige Nachteil, den er hatte. Er war keine Frau!

Juni 2012
Gunter Gabriel

Danksagung

„Danke an meine Familie und an alle, die an dieses Projekt geglaubt haben, ich liebe Euch!", so ähnlich werden das in den nächsten Jahren Tom Hanks oder Julia Roberts bei der Oscarverleihung sagen und ich schreib es hier schon mal auf, weil es passt.

Danke an Jürgen Bohr, der schon ganz früh die Stars vorab auf ein ganz tolles Interview einschwor, so dass diese gar nicht mehr anders konnten, als freundlich und fröhlich sein.

Danke an meine Frau Pia für den nach langem Silbenbasteln erlösenden Geistesblitz zum endgültigen Buchtitel.

Danke an Florian Brunner und Harald Hoos vom Geistkirch-Verlag, die mir gesprochene und schnell vergessene Radiosprache für die Ewigkeit auf Papier gebracht haben.

Danke an Bernd Kissel für das Hammertitelbild, das als Laserausdruck und gerahmt einen Ehrenplatz an meiner Disneywand bekommt.

Danke an Susanne Wachs für die verbindende E-Mail, mit der alles begann.

Danke an Maczeug für unzählige Chats und Checks von Wortspielen, Reimpaaren und Pointen.

Danke an Alexandra Bubel und Anne Frank für die vielen Studioschnappschüsse.

Außerdem Danke an viele liebe Leute auf dem Halberg, die mit ihrer offenen und freundlichen Art ‚das letzte Funkhaus vor der Grenze' immer noch als kleine Bühne für das Showgeschäft hochhalten und mich senden lassen.

Bildnachweis:

Studioschnappschüsse A. Bubel: 17, 41, 54, 59, 68, 74, 76, 96, 99, 103, 106, 122, 131, 166, 168, 170, 186, 192, 198, 205, 215, 217, 224, 247, 253, 262

Privatarchiv Christian Job: 23, 25, 91, 143, 155, 175, 177, 183, 185 226

Studioschnappschüsse A. Frank: 55, 113, 216

Studioschnappschuss Ilona Bonnaire: 47, 48, 51

Wikipedia, frei ohne Nennung: 149, 244, 263

EMI Music Germany: 31

Studioschnappschuss Pasquale Müller: 35

EMI, Nicky Johnston / Copyright: Cliff Richard Organisation: 64

Mike Clark / www.frankandollie.com: 84

EMI Music Germany / Richard Marszall: 123

Wilfried Hub: 126, 127

Alexander Christoph Wulz (honorarfrei): 158

Dave Willets Diamond Management: 241

Peter Brings: 242